幼兒教保概論 I

孫秋香、邱琡雅、莊享靜 著

編輯大意

一、本書係遵照教育部技術及職業教育司於民國八十七年九月三十日修正公佈之家事職業學校「幼兒教保概論 I、II」課程標準編輯而成。

二、全書共分 I、II 兩冊,供家職幼保科第一學年上、下學期每週二節教學之用,為每學期各二學分,共四學分的課程。

三、本書之教學目標為:

1. 了解幼兒教保的基本概念。

2. 了解幼兒教保的現況。

3. 培育從事幼兒教保工作的興趣。

四、本書之編排架構:

1. 每篇內容前之「前言」,為該篇的導引介紹,可作學生進入內文前的學習準備,亦方便教師作課前的教學提示。

2. 每篇內容之後附有「參考書籍」,提供教師及學生對該篇內容深入探究的資源參考。

3. 文後附有「彙整」,讓學生作學後的整體彙總及復習之用。

4. 文末設有「自我評量」,引導學生作課後相關議題的

延伸思考及學習後的成果評鑑。

五、書中的文詞敘述力求簡明易解，以增進學生對此書的興
　　趣與了解。

六、本書雖傾力完成，但不免有疏漏之虞，敬祈各位先進不
　　吝指正，以使本書內容更趨完善。

作者簡介

孫秋香

學歷：輔仁大學家政系

師範大學家政系暑研所

現任：光華女中幼保科教師兼

光華女中附設幼稚園園長

光華女中附設托兒所所長

（撰寫第四、五篇）

邱琡雅

學歷：台灣大學中文系

美國泛德堡大學幼兒教育碩士

現任：光華女中幼保科教師

（撰寫第二、六篇）

莊享靜

學歷：輔仁大學家政系

美國愛荷華大學（University of Iowa）幼兒教育碩士

現任：光華女中幼保科教師

（撰寫第一、三、七篇）

目　錄

第一篇

緒　論

前言

「幼兒教保」重要嗎?幼保人若不能肯定地贊同幼兒教保的重要性,則無法將幼兒教保的工作做得稱職。

以往的農村社會,經濟狀況不好,父母忙於農事,照顧幼小的工作便落至家中年長的子女身上,大部分的家庭都是這樣的生活模式,這種社會情況讓人誤解照護幼小的工作是件易事,任何大人都能勝任。加上在閩南語中聲稱照料幼兒的工作為「騙」囝仔,雖此「騙」字只是口語發音,但常令人誤以為照顧幼兒不過是對幼兒行「哄騙」而已,忽略了個體在早年階段所經歷的一切都將在其生命中留下刻痕,影響往後的人生,而且幼年所接受的教保態度會關係以後的人格發展;此外,幼兒體型雖小,終究是一個獨特的生命個體,需要像大人一般被尊重與重視。

今日的時代,經濟蓬勃發展,加上教育的普及,婦女出外就業的人口增加,人們的觀念隨著社會變遷而有所變異,對「幼兒教保」逐漸看重,可惜許多人對幼保的重視僅是建立在幼兒的認知表現上。坊間流行著「不要讓孩子輸在起跑點上」的說辭,雖點出了幼年是一個學習的關鍵階段,卻將此語窄化在認知的發展上。人的成功與成熟不能單憑智力,須仰賴各方面的健全發展,而這些發展的基礎便是建立在早年的教保上。

幼兒是蘊含豐富生命能量的個體，對周遭充滿好奇，環境中的任何刺激都會引發其生命的開展；至於是往好或往不當的方向發展，則端視刺激物所引發幼兒的生命啟示是否正向。幼保人千萬不能輕忽幼兒教保的工作，基於職業倫理，須以珍視幼兒為教保的態度，並以開發及豐富幼兒內在為教保的任務。

　　幼保人為了扮演好自己的角色，應先對幼兒教保的意義、內容、涵蓋範圍和服務對象有所了解，進而學習教保幼兒的原理原則。

第一節　幼兒教保的意義

進入幼兒教保領域的大門

壹、解釋名詞

　　「幼兒教保」（Early Childhood Education and Care），簡言之，是對於幼兒所實施的一切教保活動。

　　「幼兒」，若以年齡來界定，各派的說法不一，有學者將之定義為二至五歲，亦有專家劃分為一到六歲。在此所探討的

對象則是指學齡前的孩童；以我國的學制，是零至未足六歲的兒童。

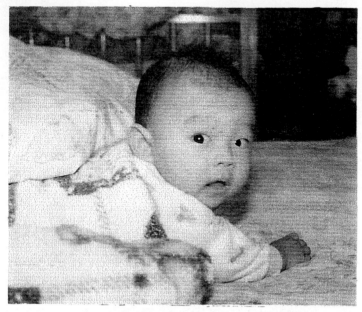

⊖ 我國幼兒教保所針對的對象是〇～六歲的幼兒

「教」，在「學記」中有所說明：「教也者，長善而救其失者也。」意謂「教」即是引發人成長的動力與潛能，改善駑鈍之處，使身心方面更為精進。而《說文》中說：「教，上所施，下所效也。」則點出「教」是教者以言行為模範，讓受者仿效（王文科，民 84）。綜上所說，「教」的意義是運用合宜的教學策略和學習環境規畫，誘發受教者產生學習動機與動力，以身教及言教傳授知識、技能和養成人格、態度及價值，提升判斷及反省的能力，並促使身心各方面都得以正向的發

展。

　　「保」是指養護、關懷和照顧。任何生物在年幼階段，皆需受到撫養和照料，供給營養、預防疾病的入侵和避免身心受到侵害，以奠定良好的成長基礎，增進潛能的展現。然而人類的幼年期比一般的生物為長，故保護的工作也較其他生物長期且必要。

　　對於年齡愈小的幼兒，成人除了著重「保」的工作，亦不可忽略「教」的實施，例如在幼兒吃飯的同時，教保人員即可協助其養成衛生習慣和餐桌禮儀。由於愈小的幼兒模仿能力愈強且記憶力佳，更容易建立學習印象，所以在幼兒早期，配合其發展進行常規的養成與正向態度的培養，學習成效將會愈好；也就是說，大人在幼童階段應同等重視「保」與「教」的施行。

　　綜合所言，「幼兒教保」是以六歲以下的幼兒為對象，規畫並施行合宜的學習環境和教學策略，以善盡養護和教育的工作，促使身心各方面得以正向的發展。

貳、狹義與廣義的幼兒教保

　　為了提升幼兒教保的效能，許多職校和大專院校都成立了幼兒教保的相關科系，提供和教導幼兒保育及教育的專業知能，培育更多的專業幼兒教保人才以提升幼兒教保的品質。這幼兒教保的形式來自專業幼兒教保人員對幼兒各年齡發展特徵的了解，設計多樣且適合幼兒能力、興趣和教育目標的學習環

境與活動型態，兼具室內、戶外與靜態、動態的學習，並尊重幼兒的個別性，讓幼兒在安全、豐富、溫暖、尊重的環境裏生長與探索，增進智能、動作、情緒、社會行為⋯⋯等方面的進步。這是將幼兒教保定位於由幼兒專業機構所施行的教保型態。

⤵ 家中成員的互動情形也會影響個體身心的成長

　　專業幼兒教保機構所提供的幼兒教保服務，雖然可以增進幼兒教保的成效，可是卻無法完全保證幼兒教保的品質。個體的身心展現，是受遺傳基因和所經歷的環境因素交互影響的，然而基因只提供個體發展的潛能，而潛能是否得以發揮和個體能否正向地面對自我發展的限制，則視個體歷經的環境刺激條

件決定。環境的刺激除了專業人員的教保，還包含了照顧者的管教、家庭中成員的互動、同儕的相處、媒體與資訊的傳播、生活中遭遇的經驗……等。由此可知，幼兒成長過程中所看、所聽、所聞、所觸、所感受等種種的環境內容都對個體身心邁向成熟具有影響力。幼兒周遭的大人若能針對環境中的刺激，配合幼兒的身心狀況，給與適宜的回應或啟發，將有助幼兒教保的效能。此外，幼兒的生理健康也牽係著幼兒教保的方式和成果，而母親在懷孕期間的健康、營養、生活習慣、心情與情緒也關係著腹中個體的健康和發展，及來日各方面的成長。所以，自生命起始，所有對個體的照料，皆涵蓋於幼兒教保之中。

綜合上述所說，「幼兒教保」可以專指專業幼兒教保人員所提供的教保活動與設計，亦可將其意義擴及至凡促發幼兒成長的所有照料和活動；換句話說，幼兒教保可以分為廣義和狹義的層面來解說：

廣義的幼兒教保：包含各種正式與非正式的學前教保，即幼兒自受精卵開始到上小學之前所受的一切照顧、教育和影響，包括家庭生活的養護及教育、學校施行的教保和社會及周遭環境的影響。

狹義的幼兒教保：定位在正式的機構式教育，即接受有組織的專業機構所提供的有目標、有計畫的學習環境與教保活動，如幼稚園和托兒所所提供的教保模式（王逸芸＆林惠芳，民 84）。

第二節　幼兒教保的範圍

　　為了使每位幼兒身心各方面都能達到良好的發展，幼兒教保的範圍可依施行的對象、涵蓋的內容、實施教保的機構與在機構中收托的時間來探討。

壹、教保的施行對象

一、依年齡分

㈠依我國現行的學制：幼兒教保的年齡係指入國小之前的幼兒，通常為六足歲以前的兒童。

㈡依我國現行的「兒童福利法」：公佈實施此法的宗旨是為了維護兒童的身心健康、促進其正常發育，並保障其權利。其所指的對象是未滿十二歲的兒童。

㈢依聯合國的「兒童權利公約」：明文規定十八歲以下的兒童皆有受撫育、保護和教育的權利。

㈣專家學者的建議：認為幼兒教保的對象應仿效西方國家，年齡由零至六歲延伸至零到八歲，如此的教保工作才較為完整。

二、依特性分

可劃分為一般、不幸和特殊幼兒三者，這三類的幼兒都應受到大人的保護和接受教育。

(一)**一般幼兒**：指身心發展正常且在家庭能得到良好照顧之幼兒。

(二)**不幸幼兒**：如家庭經濟困窘、生活無依、被遺棄或其父母無法、無力或不適教養之幼兒。

(三)**特殊幼兒**：指發展遲緩、肢體殘障、情緒或學習障礙，或表現優異之幼兒。

貳、教保涵蓋的內容

依幼兒教保的定義，舉凡能促進幼兒身心發展的一切活動，都屬於幼兒教保的內容。以下將探討不同年代認為幼兒教保所涵蓋之內容：

一、五善政策

民國三十年我國召開第一次全國兒童福利會議，以「五善」作為兒童保育的內容，目的在培育民族幼苗，厚植建國的基礎（周震歐，民 80）。

(一)**善種**：婚前健康檢查，以預防不良遺傳。

(二)**善生**：良好的先天、產時和產後的保護。

(三)**善養**：良好的營養衛生，以培養健康的體格。

(四)善教：教育兒童，使具有適應社會的人格和獨立謀生的技能。

(五)善保：保護弱勢兒童，使其依舊得享人權和義務。

二、兒童權利宣言

　　西元一九五九年十一月二十日第十四屆聯合國大會通過「兒童權利宣言」，並將十一月二十日訂為「世界兒童人權日」，為的是保障兒童生存、發展、受保護和受教育的權利，其中說明了教保應有的內容（網站：何為兒童權利？）。

(一)**生存的權利**：產前和產後受到健康的照料，能攝取足夠的營養，並擁有居住的場所及醫療的服務。

(二)**受保護的權利**：有權免於受歧視、虐待、疏忽、剝削、遺棄或買賣，並在危難或災害中優先獲得保護和救助。

(三)**發展的權利**：應得到慈愛、理解和良好的照顧，並在安全的環境中，藉由娛樂、遊戲、參與和教育，使兒童獲得健全均衡的發展。

(四)**受教育的權利**：每一個人受教育的機會和資源均等；教育的目的在於增進文化知識以及發展才能、判斷力、道德和責任感。

三、幼兒全人發展

　　現今社會重視「全人」（Whole Child）的培育，即是注重個體各方面的發展。個體的發展以其身心的健康狀況為基石，在豐富且合宜的學習機會中，擁有充足的時間去享受和體驗，

以發揮童年的價值，得以健全成長。以下各項為協助幼兒全人發展的教保內容（林翠湄等譯，民85）：

(一)**身體的健康**：於產前或產後給與足夠、均衡和適當的營養；提供豐富的感官經驗；增進大、小肌肉發展的機會；建立日常作習；養成生活習慣；預防與醫治、照護疾病的；給與安全教育等。

(二)**情緒的健康**：於產前或產後提供安全、溫馨、和諧的成長環境；建立正向的自我概念；提升自尊；增進自我控制與管理的能力；培養信任、自主、自動的態度，及處理焦慮和壓力的能力等。

⊙ 兒童有生存、發展、受保護和教育的權利

㈢社會性技能：增進與他人互動、處理衝突的能力；培養同
　理心、尊重個別差異的態度，及互助和分享的行為；促進道
　德發展等。

㈣創造力：鼓勵發展自己的想法及將想法呈現；允許並提供
　探索或嘗試新方式的機會；培養藝術的興趣與美感等。

㈤語言技巧：提供豐富的語文環境；增進聽和說的發展；促
　進讀和寫的萌發等。

㈥心智能力：提供思考和推理的機會。

參、實施教保的機構

　　家庭是幼兒成長的主要環境，也是最早的教保地點。以下
所探討的為家庭之外的教保場所，分別以教保機構的主管單位
來區分：

一、隸屬教育部（中央）、教育局（縣市）主管

　　幼稚園：招收四足歲至入國民小學前之幼兒，為家庭教
育的補充；配合家庭教育，以教育幼兒且幫助其身心各方面充
分發展為目的而成立。

二、隸屬內政部（中央）、社會局（縣市）管轄

㈠托兒所：設立之初是為幫忙職業婦女，照顧其學齡前的子
　女，以托養、安置為目的，而今日的托兒所則轉兼教育的服
　務，收托年齡為出生滿一個月到未滿六歲之幼兒，分托嬰部

和托兒部，托嬰部收托出生滿一個月到二歲的幼兒；而托兒部則收托滿二足歲到六歲之幼兒。

(二)育嬰中心：為照顧零到三歲的幼兒而設置。

(三)家庭托育服務：即保母家庭，為家庭式照顧，收托零到十二歲的兒童，照顧者必須通過保母技術士技能檢定。

(四)育幼院：為收養孤兒或貧寒家庭兒童之機構，主要功能為保育。各院接受托育的年齡不同，大多為國三（含）以下的學童。

(五)合作性機構：大多為同一地區有學前幼兒的父母親或一群志同道合且有幼兒的父母親所共同合作辦理的機構，機構內的各項事務由父母親輪流擔任或負責。如：台北地區曾有一群家有幼兒的大學教師共同合作，輪流及分配教學與行政之事務的情形即是。

(六)安親班：原本是提供給父母晚下班的子女放學後書寫作業的場所，但今日的安親班大多兼具才藝課程的安排，招收對象通常為國小到國中的學生。

(七)發展中心：為發展遲緩或障礙的兒童所設置的福利機構，提供適當的發展輔導或訓練，以期增進社會適應的能力。現在更提供了早期療育的服務，使特殊兒童能提早發現且提早治療與輔助，讓障礙的情況更為減輕。

肆、專業教保機構收托的時間

現今幼兒教保機構的收托時間可分為下列情形（台灣省公

報，民87）：

一、半日制

在機構中半天，只待上午或下午，收托時間未滿六小時。

二、日制

上午到機構，下午回家，在機構中六小時以上，而未滿十二小時。

三、全托制

在機構中收托十二小時以上，有些甚至為二十四小時，只在放假中才回家。

四、臨時托

家長因臨時事故送托，每次不得超過十二小時。

從不同的層面研討幼兒教保的範圍，為的是對教保工作能有進一步的了解。綜合上述來說，所有有關六足歲以下幼兒的教育和保育工作，不管以任何型態或方式實施，皆在我們所討論的幼兒教保範圍之內。

幼兒教保的重要性

第一節　幼兒教保可增進幼兒的生存動力

幼兒成長背後的推手

　　從胎兒時期到出生後，個體需要接受成人的悉心照護，才能生存、發育。嬰幼兒階段因應生理發展和生活需要，展開基本生存技能的學習，這當中需要成人配合其成長狀況，提供適當的協助，以促進生理器官與機能的發育、動作的協調，進而增加其獨立與自主性。

壹、幼兒的生存和成長仰賴成人的照護

　　從個體生命創始之時，其母親就需學習幼兒教保的知識，並確實執行，攝取足夠的營養，保持愉悅的心情，遠離煙、酒和不當藥物，讓個體在胎兒階段便擁有良好的生理基礎。

　　個體出生後，即面臨外界環境與胎內環境的不同，溫度和光線的差異，以及呼吸、進食與排泄方式的改變，自身卻缺乏生存的能力，除了啼哭，一切是如此的無助，此時的教保就顯得重要，成人若不給與餵哺及照料，解決其餓、渴、冷、熱、保有乾淨身體、預防疾病、生活於清潔及舒適的環境等問題，生命將會殆盡。

　　個體在嬰幼兒成長的過程中，可因大人適當的教保，擁有健康的身體、良好的生活習慣，避免營養不良而過胖或過瘦，而這健康的身體將成為個體一切發展的動力。

貳、嬰幼兒時期需要成人協助發展基本生理技能

　　嬰幼兒期是人類生理急速發展的第一個關鍵期，長高、長壯及長牙，此外，此階段亦具有發展基本生理技能的任務，如走路、食用固體食物、學說話、控制大小便、使用餐具……等。這些生理技能的學習，需要照顧者配合個體的發展步調和個性，提供充足、均衡的營養，給與適切的輔助及練習的機會，幫助肌肉和骨骼的發展，提高動作的協調度，以順利獲得

基本的生理技能，增進個體的自主能力及提升自信。

第二節　幼兒教保可掌握幼兒的特質增進其發展

重要的前六年

　　嬰幼兒除了處於生理快速成長的時期，亦是想像力豐富、模仿力佳、好奇心強、富行動力且需要大人照料的階段，此時大人若能掌握個體的發展特質及情形，提供優質的教保，對個體將會產生舉足輕重的影響。美國曾研究發現早期接受高品質教保的孩童，長大後留級、犯罪、輟學、嗑藥和未婚懷孕的機率較低，而且傾向繼續升學、對自己滿意和擁有達成目標的能力（簡淑真，民76）。

壹、幼兒的依賴期和不成熟期長

　　許多動物在誕生後不久便可獨立活動，例如鳥類出生後三、四個月即能獨自飛翔，而人類要獨立過活則需經過十多年的時光。在這十幾年的生長過程中，需要依靠父母（照顧者）提供生理和物質的滿足，以及精神的慰撫。觀察發現，早期孤兒院的孩童特別容易早夭或發展較為緩慢，主要原因則是缺乏成人的關愛（張春興＆楊國樞，民67），大人的關懷和注意會幫助幼兒發展出生存的價值（何慧敏譯，民87）。心理發

展學家艾力克森（E.H. Erikson 1902~）也道出了早年教保的影響力：一歲半前的嬰幼兒對世界的經驗若是溫暖且可依賴的，則將發展其對自我的肯定並能信賴他人；反之，則會產生畏懼和無法信任他人之性格危機。由此可知，人類早年發展的歷程中，因處於依賴與不成熟的階段，需要擁有正向的教保，維持溫飽和心靈安全，使生命得以延續並建立自我的肯定及認同。

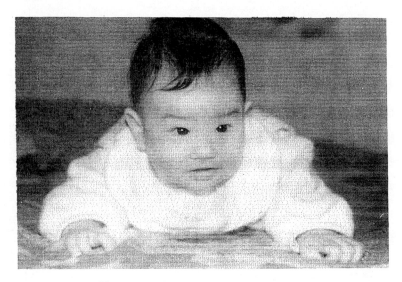

⊙ 幼兒有賴成人悉心照護，方得以成長

貳、幼兒處於高模仿力、可塑性和吸收性的階段

幼兒的發育未臻成熟，未被定型，可塑性高，加上學習力旺盛、模仿力高，具有無限發展的可能，如同小幼苗一般，有

茁壯成為直立、挺拔大樹的一天。可是在幼苗階段，若不悉心照護，關心其生長的情形，等成了大樹，才要將其歪斜之處扶正，則必須付出極大的努力和成本。同理於人類的發展，早年的教保十分具有影響力，容易養成，也容易修正，「易經」說：「蒙以養正……」便是對於幼童可塑性高和模仿力強的特質，點出了早年教保的方向。幼兒時期是奠定性格基礎的階段，成人若教予正確的觀念和價值觀，並身體力行，孩子在成人言行的薰陶下，成年後便能具有純良的性格和思想。

　　幼兒的可塑性建立在其高吸收性與模仿力的特質中，除教保者的舉止及言談外，成長空間的內容亦對其有教化的影響。孟母三遷的故事說明了孟母了解幼兒的高吸收性和模仿力，「近朱者赤，近墨者黑」，才會對孟子兒時生活環境的選擇如此慎重。有名的教育格言亦點出環境對幼兒的影響（葉瑞山，民 87）：

　　　　在批判中長大的孩子，只會批評別人。
　　　　在敵對中長大的孩子，對人懷有敵意。
　　　　在嘲笑中長大的孩子，會變得很羞怯。
　　　　在嫉妒中長大的孩子，常感自己有罪。
　　　　在寬恕中長大的孩子，具有堅忍的心。
　　　　在鼓勵中長大的孩子，充滿了自信心。
　　　　在讚美中長大的孩子，知道感謝別人。
　　　　在公平中長大的孩子，必擁有正義感。
　　　　在關懷中長大的孩子，自然產生信仰。

在信任中長大的孩子，越會愛惜自己。

在友愛中長大的孩子，追尋愛的世界。

由於幼兒的可塑性與模仿力極高，幼年時期接受的教保品質與成長環境良質與否，對其成長便具有關鍵的影響力。

現今大為推展的「早期療育」方案，所套用的原理便是應用幼童高吸收性和可塑性的特質，即使是發展遲緩的幼兒亦擁有如此特質。眾多實例都證明身心殘障的幼兒愈早被發現且愈早接受療育者，將來殘障的影響程度會大大地降低。

參、幼兒處於學習的敏感期

決定人聰明與否的要件不在腦的重量，而是腦細胞發展的數目、性質和細胞間配列的情形，增進其發展的方法是均衡的營養和豐富且適當的感官刺激。胎兒時期，腦細胞已在形成，但腦細胞彼此間的連結並不綿密和穩定，出生後至三、四歲，腦細胞的成長速度為十五歲孩子的一千倍，是腦部發展的基礎，腦細胞會隨著感官經驗和身體活動而迅速發育，並在細胞間形成連結，成為神經傳導的途徑，讓腦部建立通話的系統，形成思考與記憶的功能。在幼年時期，人的神經傳導會因為沒有使用而喪失功能（吳怡靜，民 88）。由此可知為何八歲的狼童被發現後，即使被教育了九年，仍無法完全展現人的行為舉止和明顯提升其各領域的發展，因此，成人不可輕忽幼兒階段感官經驗的給與。

幼兒天性好奇，精力旺盛，具有創造的本能，對周遭充滿活力與熱情，且敏感於各種學習，藉由主動參與而豐富自己的內在和認識這個世界。據蒙特梭利博士（Maria Montessori, 1870~1952）觀察發現，幼兒在不同的時期，會對某項事物或學習特別感到興趣，此時，幼兒若被限制或內在自發的學習熱情不被滿足時，幼兒會發脾氣或感到氣餒（王愉文等譯，民82）。幼兒教保若能掌握學習敏感期，配合幼兒的個別性，提供豐富多元且恰當的教保型態、內容及生活環境，讓幼兒在安全、無壓力的氣氛中親身探索、操作，將可以符合其心理需求，獲得滿足感，並可增進其身心各方面發展的協調和成熟。

⊕ 幼兒好動、好玩且具好奇心

肆、幼兒與教保者的關係將成為發展社會關係的基石

幼兒為吸收性強的個體,生命早期的大小經驗都會吸收於腦中,留下烙印,並多多少少影響著往後的生活,人際互動亦是如此。幼兒與其照料者(通常為母親)的關係是幼兒社會化的起步,幼兒從中學習對人的信任、與人的相處及人際關係的建立,亦即,當幼兒與早期教保者關係親密、和諧,幼兒來日與他人的互動便會較積極正向;反之,教保者與幼兒關係疏離時,幼兒的性格會較退縮,不會主動靠近他人,也不知如何與他人相處。

人是群居的動物,須明白如何與人展開社會互動、建立情誼,因此,幼兒教保者應在幼兒生命早期時,提供溫暖親密的社會經驗,為幼兒發展社會行為鋪路。

3

幼兒教保的原理原則

第一節　幼兒教保的原理

建立自身的教保理念

幼兒教保所依循的兩大原理是，考量幼兒的年齡和發展狀況，以及其個別性（S. Bredekamp, 1992）。

壹、符合幼兒的年齡和能力發展

人的發展具有程序性，前一個階段是後一階段發展的基礎與暗示，所以教保人員（包括父母、保母、保育員或教師）應

該充實幼兒各方面的發展知能，以了解受教保者在動作、智力、社會行為、情緒、創造力、語言和繪畫等領域的發展狀況，也才能針對幼兒的成長，設計與安排符合其年齡與發展的活動和環境，促進幼兒純熟已具有的能力，進而引發出下一階段發展的驅力。

貳、尊重幼兒的個別發展

每位幼兒都是獨一無二的，擁有自己的生理特徵、天生氣質、家庭背景和成長速度，大人應該將每個幼兒視為單獨的個體。為了協助幼兒的成長，成人在活動安排、環境規畫與教材的提供等方面需考量到個別差異，讓幼兒能按照自己的學習速度和思考模式選擇操作的材料與方式，並經由教材的探索或與人的互動累積經驗，而促發動作、智力、社會行為、情緒、創造力、語言和繪畫等方面能力的進展。

第二節　幼兒教保的原則

教保幼兒的技巧會因幼兒的氣質或教保者特質不同而有差異，但所秉持的原則卻是一致的。以下所述為施行幼兒教保的基本原則（D.G. Koralek, ed, 1993；林翠湄等譯，民85）：

壹、教保者須提供溫暖安全的環境氣氛，並多給 與肯定和鼓勵

　　個體出生後需要大人的協助才得以存活，成長的過程中除了基本物質生活需求必須被滿足外，心靈的撫慰也不可或缺。擁抱是最好的情感交流方式，因為「擁抱」提供了安全溫暖和被接納的心靈感受。幼兒教保者應多擁抱所教保的每個孩子，讓孩童自小就擁有被愛的感覺，將有助其發展自我肯定和信賴、關愛他人的性格。

　　為了幫助嬰幼兒發展正向的人格特質，成人在孩子出世後，必須準備安全溫馨的環境。需要暫時離開他身旁時，須先

⊃ 成人應多擁抱幼兒，協助幼兒形成正向的自我概念

找好代理人，告訴孩子歸回時間並遵守約定，切勿無告而離開，讓幼兒獨處或爽約歸來的時間，都會降低孩童對人的信賴度。當幼兒熟悉的大人離開身邊時，代為照料的成人必須安撫幼童情緒，使他感到安心。

幼兒在生活自理能力尚未養成之前，生理的照顧需仰賴大人協助，大人照顧時，尤其幫助幼兒如廁或更換弄髒的衣褲時，應避免出現嫌惡的神情，而須給與溫暖安全、體諒、被關愛的情境，這將有助於幼兒形成正向的自我概念。人的自信來自於正向的自我概念，早年教保者的態度影響個體自我概念的發展。有時，幼兒吸收後的能力展現不具立即性，教保人員若能從容對待，信任他的潛能，讓幼兒具有充足的時間嘗試或練習，正視他的進步，適時予以肯定和鼓勵，此舉對幼兒會產生正向拉力，使他對自己充滿信心，敢於試驗，進而激發潛能的展現。

貳、教保者須配合幼兒的年齡、能力與興趣，準備營養、安全、自由、豐富與符合尺寸的環境，提供多元的活動和感官經驗

每個人的發展都具有連續性，且有一定的發展順序，例如由抬頭、翻身、坐、爬行到站立；由大肢體動作至精細的小動作。而前一階段的發展為後一階段的基礎，教保人員應熟悉幼兒各能力的發展歷程，針對教保對象的發展階段，設計與安排合宜的學習環境和經驗。學理中各能力發展的年齡僅為參考，

每個孩子有自己的發展速度，教保者勿妄下斷言或給與標籤；當感覺幼童發展異於一般同齡孩子時，應多注意孩子的發展情形，配合個別需要，提供輔導或是求助於專業機構。

　　健康的身體是一切發展的基本，安排營養且能引發食慾的餐點是必要的。當幼童的牙齒發展到能夠咀嚼時，教保者須開始提供咬嚼食物的機會，這可增強牙齒的使用和口腔的咬合能力，也給與不同的感官經驗。

⮕ 幼兒擁有選擇教具操作方式的自由

　　幼兒對周遭的一切感到好奇，精神生命興旺，善用五官和身體的活動來累積感官經驗，藉由與人、事、物的互動，發展自己、滿足內在求知慾和認識世界。凡符合幼兒年齡、能力、

尺寸、興趣，並能動手操作的學習環境和活動，最能引起幼兒共鳴，吸引參與和激發學習的動力。教保者要以教保對象為學習的主體，考量其發展狀況，準備不同材質的器材、各式的設備、教具和工具，設計安全多樣的室內外、動靜態與大、小肌肉的個人、小組或團體活動，製造機會讓幼兒思考和將想法呈現，以促使幼兒發展興趣及能力的廣度和深度。

自由是幼兒學習環境的一個必備條件，因為「警告」和「限制」會降低幼兒的主動性與創造力，幼兒應在不傷害自己、他人或教具的前提下，允許自由選擇活動型態、活動材料與活動方式。自由的學習氣氛，讓幼兒身處被尊重的情境而學會尊重他人和對自己的決定負責，同時也可助長幼兒的創造力和獨立性。

安全的環境兼指身體的安全和心靈上的安全感受。教保者需時時檢視環境中的裝潢、設備、教具和工具是否安全；與幼兒一起時，應避免用獎懲控制孩子的行為，以免讓幼兒學會察言觀色，取悅大人；也避免將孩子互相比較，形成同儕競爭，生活便在爭勝中度過。生命的意義應是以自己的成長速度，自由選擇生活內容，安心地參與，投入感興趣的活動，在操作的過程增進知能、充實內在、提升自己。

參、教保者應提供富挑戰力的工作和與人、社會互動的機會

對兒童來說，生命是自我的延伸和擴大，藉由工作與活動

獲得智慧及力量。幼兒喜歡工作，以遊戲的方式進行工作，他們在體驗成功的感覺和完成工作的樂趣中發展自我肯定，提升自尊；在工作中，孩子也能角色扮演，與他人互動，經歷分工合作的過程。

　　成功的經驗可增加自信，教保者應安排一些容易成功的工作，讓幼兒擁有成功的機會。然而成就感的強弱與工作的困難度成正比，完成愈艱困的工作，衍生的成就感愈強烈且愈相信自己的能力。教保者在提供學習經驗時，可設計一些略具困難度的活動，藉以激勵幼兒自我能力的挑戰，提高工作參與的意願。不過，難度需適可而止，以免難度過高而弄巧成拙，降低工作動機，甚至喪失信心。

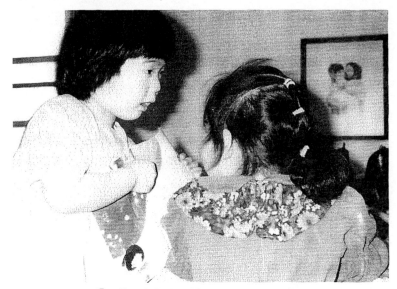

→ 成人應為幼兒營造與人互動的機會

幼兒需要真實互動的情境，在互動中，習得與人分享、幫助他人、體諒他人、尊重隱私……等重要的人格特質，亦能增進語言表達和解決問題的能力。幼兒需要與同儕和大人互動的機會，和年齡相近的孩子互動時較為自在，有歸屬感，容易出現仿效較長者的優良行為或技能，及主動照顧弱小而產生責任感的正向影響；而大人因言語表達及思考途徑和幼童不同，幼兒與之互動會有不同的感受和學習，而且成人能夠對幼兒表現關懷、注意和體諒，這將有益於孩童發展自我尊重和自我控制的生命信心。此外，大人在互動過程中，也可透過對話，了解幼兒的想法、需要和發展狀況，適時給與合適的回應。

肆、教保者應平等尊重個別差異、容許重複練習

每個幼兒都是獨特的個體，有自己先天的氣質和思維模式，加上從生命創始之後，所歷經的遭遇不同，以致每位孩子的活動步調、能力及興趣不盡相同。教保者應尊重和欣賞每個孩童的個別性，小孩不是大人的縮小版或補償成人夢想的替代品，教保者不要執著幼兒需具備哪種能力或興趣，並且避免在孩子面前或背後用單一的標準或個人的價值來評定孩子。此外，教保人員不可因幼童的家世、外形、長相、性別而產生教保的差別待遇。

幼兒喜歡重複練習喜愛的工作，在重複練習的過程中增進能力，或是再次體驗成功的滋味或完成的樂趣。孩子重複練習的次數依其內在的心靈感受而定，一旦內心的需求得到滿足，

重複練習的次數將會降低，或停止重複練習，重新尋找學習項目。每個孩子都是獨特的，每個人喜歡重複練習的工作和次數不同，大人不要看到幼兒重複練習某一工作的次數過多，便擔心孩童的學習經驗狹隘而出面干涉、限制。成人只要仔細觀察幼兒工作的情形，將會發現幼兒工作的成果隨著重複練習而更為精進。當然，大人可在適當的時候引導孩子知曉其他工作的趣味，不過，決定是否開始新的工作內容仍需要尊重幼兒的意願。

幼教先進蒙特梭利博士曾將人類比喻為手工製品，每個人都與眾不同，且都有創造的精神，能使自己成為獨特的藝術品。教保者應努力協助幼兒滿足心智的需要，激發潛在能力的開展，將每個幼兒視為獨一無二的藝術品，細細品味、平等對待。

伍、教保者需避免過多的保護，而應培育幼兒獨立的性格

人天生就有一股趨向獨立的自然動力，下列的情形都可提出證明：胎兒在母親腹中成長到某個階段就會脫離母體，成為獨自的個體；幼兒語言發展迅速，善用機會表達自己，與人溝通；當能自主移動身體時，便四處探索；自理能力開始發展時，技巧雖然不純熟，仍喜歡自己動手，不願他人代勞……等。嚮往獨立的自然性是男孩、女孩皆有，成人應避免性別刻板印象而壓抑孩子邁往獨立的能力。獨立性格的建立有助於生

命的發展，因為獨立能讓孩子自由運用自己能力，藉由不斷的活動及操作，引發內在更多的能力開展，精熟技巧，增進自我的肯定，慢慢脫離對大人的依賴。

　　有些教保者為了省時或方便處理善後；有些教保者則喜愛被孩子依賴的感覺；而有些教保者習慣將孩子看成無助的個體，低估幼兒內在的學習潛能，這三種教保人員凡事都為幼兒打理妥當，似乎盡責，卻戕害了孩子追求獨立的動能，讓孩童形成了被動、依賴或欠缺信心的性格。教育學者盧梭（Jean Jacques Rousseau, 1712~1778）曾表示，錯誤的教育是使用與自然性相悖的習慣來替代人類純真的自然性（許興仁，民77）。

　　🔄 成人應給與幼兒獨立學習的機會

陸、教保者應鼓勵幼兒動手操作，培養面對問題的能力和挫折容忍度

在傳統教育的影響下，不少大人會不自覺地以灌輸的方式教導幼兒許多知識或技能，可是孩子不見得因此增長知能，或增加處事及解決問題的能力，因為成人教導的過程可能會疏忽幼兒消化、吸收的速度，造成孩童的學習一知半解、囫圇吞棗而無法舉一反三、應用所學；或是信心喪失，失去學習的興趣。

幼兒教保者應避免在幼兒這個學習熱忱最旺盛的階段說得太多、教得太多或幫得太多，而應鼓勵幼童多動手嘗試，在操作的過程中嘗試錯誤，於失敗裏研究解決之道，從中提升能力、增加自信，並產生迎戰難題的勇氣。

培養幼兒面對問題的能力與提升挫折容忍度的要件是允許幼童有犯錯的空間，讓孩子在錯誤中學習。另外，教保人員尚可以遊戲的方式增進幼兒面對及解決困難的能力，當不懼怕問題出現時，挫折容忍度自然提高。

柒、大人以身作則，彼此的管教態度一致

人的行為會藉由觀察、認同而模仿，所以大人應以身作則，自然地表現出期望幼兒具有的人格特質和行為。另一方面，教保同一位幼兒的所有人員應彼此溝通協調或教育，儘量

達到一致的管教，尤其是父母和老師，或同一屋簷下的成人，避免出現雙重管教原則，讓幼兒無所適從，甚而學會察言觀色，面對不同教保者而有不同表現。為了孩子，同為教保的人員應站在同一陣線，讓幼童在管教一致的環境中建構穩定的內在性格和行為，長成言行一致的個體。

參考書籍

【中文部分】

王文科等（民 84）《教育概論》，頁 33-34。台北：五南。

王逸芸、林惠芳（民 84）《幼兒教保活動設計（一）》。台北：龍騰。

王愉文、李玄媛、李淑容、邱琡雅、許興仁、陳昂宜譯（民 82）幼兒之祕（M. Montessori 著），頁 55-65。台南：光華女中。

吳怡靜（民 88）腦力即國力，三歲定一生，載於天下雜誌 1999 教育特刊，頁 36-44。

何慧敏譯（民 87）童年初期的教育：以德國為例的初步結論（Thea Sprey-Wessing 著），載於家政教育學報(1)，頁 118-127。台北：師大。

林政華（民 76）《易學新探》，頁 218。台北：文津。

林翠湄、王雪貞、歐姿秀、謝瑩慧譯（民 85）《幼兒全人教育》（J. Hendrick 著）。台北：心理。

周震歐等（民 80）《兒童福利》，頁 98-99。台北：巨流。

許興仁（民 77）《新幼兒教育入門》，頁 42。台南：光華女中。

張春興、楊國樞（民 67）《心理學》，頁 90-91。台北：三

民。

葉瑞山（民87）談推展親職教育中父母所扮演的角色，載於
　　光華幼保年刊(II)，頁1-3。台南：光華女中。

簡淑真（民76）美國幼兒教育，載於學前教育比較研究，頁
　　51-95。台北：臺灣書店。

臺灣省公報（民87）臺灣省托兒所設置標準與設立辦法。

網站：何為兒童權利？http://www.children.org.tw/c071htm

【英文部分】

Sue Bredekamp（1992）*Developmentally Appropriate Practice
　　in Early Childhood Programs Serving Children from Birth
　　through Age 8*。NY：NAEYC，9th printing。

Derry G. Koralek, Laura J. Colker, & Diane Trister Dodge
　　（1993）*What, Why, and How of High-Quality Early Child-
　　hood Education：A Guide for On-Site Supervision*。NY：
　　NAEYC。

本篇彙整

1. 依我國現行的學制，幼兒教保施行的對象是指入國小之前的幼兒，包括一般、不幸和特殊的孩子。

2. 幼兒教保的意義可以分為：
   (1) 廣義：幼兒自受精卵開始到上小學前所接受的各種正式與非正式的學前教保，包含在家庭、學校和社會環境施行的教保活動。
   (2) 狹義：正式的機構式教育設計和提供有目標、有計畫的教保環境與活動，如幼稚園和托兒所所提供的教保。

3. 人的幼年同時需要「教」和「保」，「保」是指養護、關懷和照顧，供給營養、預防疾病的入侵和避免身心受到侵害；「教」則是掌握學習動機較強的幼年階段，以適當的教學策略，促使身心各方面得以正向的發展。

4. 民國三十年我國召開第一次全國兒童福利會議，提出「五善政策」：善種、善生、善養、善教和善保。

5. 西元一九五九年十一月二十日第十四屆聯合國大會通過「兒童權利宣言」，內容為保障兒童生存、受保護、發展和受教育的權利。

6. 協助幼兒全人發展的教保內容包含：身體的健康、情緒的健康、社會性技能、創造力、語言技巧、心智能力等方面。

7. 家庭是幼兒最早的教保地點，成長的主要環境。

8. 專業教保的機構概括幼稚園、托兒所、育嬰中心、家庭托育服務、育幼院、合作性機構、安親班、發展中心，除了幼稚園隸屬教育部、教育局主管外，其他的機關則歸屬內政部、社會局管轄。

9. 專業教保機構收托的時間可分：

    (1)半日制：收托時間未滿六小時。

    (2)日制：收托時間為六小時以上，而未滿十二小時。

    (3)全托制：收托十二小時以上，有些為二十四小時，只在排假中才回家。

    (4)臨時托：家長因臨時事故送托，每次不得超過十二小時。

10. 幼兒教保關係著生命的生存及發育，並可協助個體的生理發展和基本生理技能學習，奠定身心發展的基礎。

11. 因為幼兒的依賴期和不成熟期長、具高吸收性和可塑性、處於學習的敏感期，顯出幼兒教保對幼兒的重要。

12. 幼兒教保者與幼兒的互動，可以幫助幼兒發展社會化，奠定社會行為發展的基礎。

13. 教保的原理：考量幼兒的年齡發展與個別差異。

14. 教保的原則：

    (1)提供溫暖安全的環境氣氛，給與肯定和鼓勵。

    (2)配合年齡、能力與興趣，準備營養、安全、自由、豐富與符合尺寸的環境，提供多元的活動和感官經驗。

    (3)提供富挑戰力的工作和與人互動的機會。

    (4)尊重個別差異，容許重複練習。

(5)避免過多的保護，培育幼兒獨立的性格。

(6)鼓勵幼兒動手操作，培養面對問題的能力和挫折容忍度。

(7)大人以身作則，彼此的管教態度一致。

自我評量

1. 請說出廣義和狹義的幼兒教保意義。
2. 請具體列舉三項會影響幼兒身心發展的因素。
3. 請用自己的話說出幼兒教保的重要性。
4. 請依己之見，陳述幼兒教保的原則。
5. 請討論教保人員應提供幼兒怎樣的環境。

第二篇

幼兒教育思潮的演進

前言

　　不論中外，兒童在傳統社會上沒有什麼存在的地位，常被當成是國家或社會的所有物，在家庭裡也因缺乏生產力而不受重視，在教育上更不被認為是具有特別價值的階段。一般來說，他只是一個「未成熟的人」或「小大人」，是成人的縮影。由於兒童的體力與心智能力都無法勝過成人，所以必須被成人所控制，即使其需求、興趣與能力，也必須完全依照成人的標準來判斷。在這樣的社會氣氛之下，兒童絕對無法擁有其人格尊嚴，而他們的教育也必須聽命於成人的安排與指揮。可以想見的是，在成人本位的教育環境下，兒童在接受教育的過程中必然是毫無快樂可言。不論在東方或西方國家，體罰在過去的教育中是非常稀鬆平常的事，也因此流傳著許多家喻戶曉的教育格言，例如中國的「教不嚴，師之惰」、「棍棒之下出孝子」、「不打不成器」、「耳提面命」等，而西方社會也有「兒童都有一個背，打了他，他就能領會！」「放下了鞭子，寵壞了孩子！」等等。

　　這種蔑視孩子的情況，一直要等到具有真知灼見的教育思想家大聲疾呼「兒童本位」才開始改觀；也要等到具有愛心的教育實踐者具體地把方法與成果呈現給世人，教育的作法才有所改變。在西方社會中，若不是柯門紐斯、盧梭、斐斯塔洛齊

等人提升兒童的價值，而後福祿貝爾及蒙特梭利切實地將幼兒教育的理念付諸實施，兒童又怎能成為當今世界的新主人？而我國的幼兒教育也受到歐美幼教新思潮的影響，引發張雪門、陳鶴琴等人極力倡導幼教的重要並建立各種制度，否則，又怎能如今日般蓬勃地發展呢？

　　然而，幼兒教育工作者絕對不可盲目隨從前人所提倡的教育理論或方法，畢竟「思想是行動的基礎，理論是實務的指揮」，如果只知道一些教育方法，卻不曉得其原由與精神，就難免會變成不知變通、形式化，一旦環境改變，方法可能就無法適用。反之，若能真正領會教育思想家所提出的意旨與精神，自然能配合自身環境條件而開創出屬於自己與孩子的教育方法。所以，若能掌握教育思想家的中心主張，則應用此主張而萌生的教育方法自然源源不絕、生機蓬勃。

　　幼教思想的追溯與認識是幼兒教育工作者所必備的理論基礎，它的重要性猶如船的「舵」，是航行所不可或缺的指南；也猶如樹的「根」，可使生命得以結實茂盛。就如我國幼教先進熊慧英教授所說：「蓋幼教工作若據理論基礎，則觀念正確，即或做法偶有小誤，尚無傷大雅，猶如枝葉不茂，來春可期；但若觀念謬誤，縱或巧奪天工，也只是『做得越好，錯得越大』的失之毫釐，謬之千里。」（許興仁，民 72）願幼教工作者皆能警惕於心，先將幼兒教育思想透徹領悟、融會貫通，才能使教育方法推陳出新並真正有益於幼兒。

1

世界各國幼兒
教育思潮的演進

第一節　柯門紐斯

近代幼兒教育思想之父

壹、生平概述

柯門紐斯（德文為 Johann Amos Comenius, 捷克文為 Jan Amos Komesky, 1592~1670, Amos 是「愛」的意思）是捷克人。他生於窮鄉僻壤，身為孤兒的童年備嘗孤苦，其養護人又對他疏於照顧，但他始終抱持著一份愛心待人，不記恨也不遷

怒。大學專攻哲學與神學，後
來從事牧師兼校長工作。由於
正值十七世紀宗教信仰紛爭不
斷，柯門紐斯所屬的路得新教
慘遭三十年宗教戰爭的蹂躪與
摧殘。他歷經愛妻與愛子之慘
死，自己也屢次死裡逃生，但
他仍秉持對神的虔誠信念，以
「愛」來面對命運中的不幸。
柯門紐斯從中更體認出，只有
推展正當的教育才能挽回人類的自相殘殺。

　　他在教育發展史上所佔的地位極為重要，不僅在實踐方面
留下許多偉績，在思想方面也奠定了十八、九世紀新教育的理
論基礎，因此被尊稱為「近代教育思想之父」。

貳、教育理念

　　柯門紐斯的教育理論完全基於其宗教的人生觀而來。他認
為宇宙中最優秀的人類，必然具備人生的最高目的，而人生的
最高目的也就是教育的終極目的，它存在於人與神合而為一的
永遠至高的幸福之中。因此，人類在世界上必須是：
㈠理性的創造者；所以必須對所有的事物具備正確的知識——
　知識的陶冶。
㈡萬物的支配者；但是在支配其他事物之前，必須先支配自己

的道德心──道德的陶冶。

㈢造物者所塑造的神的寫象；所以必須保持自身的神聖與完
　全，並將自己及其他一切事物歸根於神──宗教的陶冶。

　　柯門紐斯認為，知識、道德、宗教的基礎已經完全存於人
類先天本性之中，這也就是人類的「自然性」。所以，教育不
是從人類以外輸進任何的事物，而只需順其自然；將人類生而
具有的內在素質加以啟發或發展，就是教育的最大目的。這種
肯定人的內在具有自然善性並且會自發地學習的理論，奠定了
柯門紐斯在近代教育史上佔有主流的先導地位，這也是他在教
育上的主要貢獻。

　　柯門紐斯的教育理論可從《大教學論》（The Great Didac-
tic）一書中了解其梗概。可惜的是，此書在當時竟被埋沒達
二百年之久，否則十八世紀的教育改革必能大放異彩。雖然如
此，他對後世的幼兒教育仍留下不少貢獻，以下列舉數項：

㈠提倡「泛智論」（Pansophism）；普及學校（一切的人）、
　普及書本（一切事物）、普及教師（一切方法）。強調平
　等的教育機會，主張兒童應不分性別、貴賤、貧富都要接受
　學校教育。而兒童應該學習廣泛的知識，即使是幼兒也應學
　習簡單的實物教學，像是學習認識石頭、植物、動物；身體
　各部位的名稱及功能；辨別光線、黑暗與色彩；搖籃、房
　間、農場、街道、田園的地理位置。並且應該訓練兒童節
　制、純潔、服從，並教導兒童唸祈禱文。學校教育的主要內
　容應以全人生為努力範圍，盡量包含文化的五大領域，即科
　學、技藝、語言、道德、宗教等廣泛的知識內容，因為這是

以後建構更高知識的根基。

(二)主張一切教學應該遵循自然的順序。大自然已經蘊含成長與
學習的最佳契機,所以教育原則應根據大自然中草木蟲鳥的
生長及太陽運行來擬定,以了解神在其中的啟示。

(三)提倡實物教學,使兒童用自己的眼、耳、手直接分析判斷,
養成獨立思考的能力。

(四)編印有插圖的教科書,使十七世紀以後的初等教科書完全改
觀。《世界圖解》(Orbis Pictus, 1658)是史上第一本兒童
圖畫書。

(五)主張六歲以前的教育責任主要在母親。柯門紐斯將六歲以前
的教育列為「母親學校」,完全是指家庭教育而言。此時期
的教育目的在於養育健康的身體、練習刺激其感官,並且給
與有關外界環境的基本知識,再從雙親的模範行為獲得正確
的啟示與信仰。

綜觀柯門紐斯的教育理念,可發現他從觀察自然中獲得下
列的教學原則:

(一)教育要及早開始,正如大自然「一年之計在於春,一日之計
在於晨」。

(二)教學應配合學習者的年齡、程度以及身心發展,心智已經達
到「預備狀態」時才開始。

(三)教學需完整計畫、按部就班,學習要按照從一般到特殊,從
簡單到困難的順序進行。

(四)不應給與太多的科目或是進度太快,以避免超過學生的負
擔。

㈤要配合自然的發展傾向及年齡，以正確的方法來啟發心智。

㈥任何事物都要透過感官的媒介來學習。

　　柯門紐斯對今日教育影響最大的兩個貢獻應該是編製插圖教科書以及強調幼兒時期感官教育的重要。現在，我們已將前者視為理所當然，也肯定感官是學習的必然基礎。而他這種內在的自然觀以及自發性的理論，也奠定其在近代教育史上佔有主流的先導地位，他的思想在日後被盧梭、斐斯塔洛齊、福祿貝爾等人所繼承，也與今日幼兒教育的理想不謀而合，的確可被稱為「近代幼兒教育思想之父」。

第二節　盧梭

教育的革命家　自然主義的創始者

壹、生平概述

　　盧梭（Jean Jacques Rousseau，1712~1778）生於瑞士的日內瓦。父親為鐘錶匠，小有資產，待人仁慈，是遊蕩者和冒險者的混合體，但對讀書卻有著一份癖好。他把這份愛好讀書又喜歡流浪的個性同時遺傳給這個兒子。盧梭出生後九日喪母，十歲時父親因與人衝突而離家出走，長他七歲的哥哥後來也棄家流浪，盧梭從此成為孤兒，開始四處流浪寄居的生活。由於

盧梭生性愛好自然，其少年生活很少用心學習，一生中僅受兩年的正規教育，十三歲時跟著一位雕刻匠當學徒，常遭受虐待；十六歲時逃離日內瓦，從此踏上放浪生活之路。

在流浪生活中遇見了長他十二歲的瓦凌夫人（Mme de Warens，是位離過婚的貴族夫人），夫人引導他讀書、學習音樂，並與自由派的文學和哲學名流有所交往，因而影響其日後的教育思想。從十六歲至二十八歲之間，盧梭與瓦凌夫人之間有如母子，又似情人，直到盧梭久居生厭並失歡於瓦凌夫人時才離開。此後曾一度  窮苦得必須靠著撿拾富人餐桌上的麵包屑過日，但他仍在巴黎過著浪費時間和金錢的生活，每天涉足於咖啡店及酒館之間，認識了一些社會名流，眼見當時貴族社會的墮落與腐敗，因此開始正視當時嚴重的社會問題。其間盧梭並和一位智能接近低能的旅館女僕黛麗莎同居，但其家庭生活極為紊亂，盧梭甚且因懷疑五個子女皆非己出而將他們全送往孤兒院撫養，可見其性格之放浪。

一七四九年第戎學院（The Science Academy of Dijon）懸賞徵文，題目是「科學和藝術的進步是否有助於道德的增進？」盧梭應徵為文並斷言「所有社會的壓迫和腐敗，都是因於文明

的進化」，他認為科學教人機巧，藝術使人浮華，進而會剝奪人類心靈的自由及本性的發展，因此，科學和藝術的進步不但不會增加人類的真快樂，更足以使道德墮落。此文得獎並出版後引發讀者極大的迴響，也建立了他的聲名。一七五三年第二次徵文，題目是「人類不平等的原因何在？」盧梭再度發表宏論，他認為在原始社會中，人與人之間不平等的程度極小，但在文明進步後，不平等的差距卻加大了。尤其人類為了保護私有財產而訂定了法律與道德，表面上是人類行為的共同規範，實際上卻是強者壓服弱者的工具。若要消除不平等，唯有返回自然，服從自然的法則，脫離社會生活的束縛。

此後，盧梭即不斷創作出許多寶貴的作品，他那豐富的想像力，無時不在描繪美麗的幻想世界；其中《民約論》的政治思想成為法國革命的原動力，《愛彌兒》則助使兒童從成人的壓抑中解救出來，這兩本書對整個歐洲的思想影響極深。但由於其思想觀點不為當時社會所接受，又被教會指為異端邪說，終遭書被焚燒、人被追捕的命運。晚年在歷盡人間辛酸，看透人類虛偽之際，將自己一生所有清濁美醜的經歷記載成自傳「懺悔錄」，也被列為世界文學名著。一七七八年七月二日，盧梭在逃亡、貧困與孤獨中因大腦浮腫而結束了他六十六年的生命。

盧梭雖然對政治與教育有著無與倫比的貢獻，但在有生之年卻未能得到世人的尊敬。他一生顛沛流離、流浪各地，很少在同一個地方安居五年以上；他被他的社會迫害，巴黎議會下焚書逮捕令，還下令要焚死著作人。他可以說是個不知家庭溫

暖的流浪漢，雖有五個親生兒女，卻不知骨肉之愛，從來未曾過著正常的家庭生活。歷史上有不少人批評他，指責他為追求空幻美夢的夢遊患者，因為他的理論與實際生活完全是背道而馳的，他的教育思想及個人的人格表現自相矛盾。然而，不論在政治、宗教、歷史、哲學各方面，盧梭的影響都是不可忽視的。

盧梭的主要作品如下：

- 《論藝術與科學》（Discourse on the Arts and Sciences, 1749）
- 《人類不平等起源論》（Discourse on the Origin of Inequalities, 1753）
- 《法蘭西音樂論》（Letter on French Music, 1753）
- 《寄達隆培爾論劇場》（Letter to D'Alembert on the Theatre, 1758）
- 《政治經濟論》（Discourse on Political Economy, 1758）
- 《茱麗（新愛羅斯）》（Julie, or The new Heloise, 1761）
- 《民約論》（The Social Contract, 1762）
- 《愛彌兒》（Emile, or on Education, 1762）
- 《懺悔錄》（The Confessions, 1765~1770）
- 《孤獨散步者的夢想》（The Reveries of a Solitary Walker, 1778）

貳、愛彌兒

人性本惡的說法加上基督教的「原罪」觀念，支配西方思想界及教育活動數千年之久，這也是造成兒童地位不高、學前教育不受重視的主要癥結。而盧梭勇於責難傳統做法，譴責學理錯誤，因而在教育理論界及實際活動中掀起狂飆，形成「教育上的哥白尼革命」。其教育論著《愛彌兒》一書被後世稱為「兒童的福音書」，也有人因此而將盧梭稱為現代兒童心理學的鼻祖。但因為盧梭從未曾將其中的教育思想及理論付諸實施，所以可說是盧梭以熱情及幻想所產生的夢書。在書中，盧梭藉著一個幻想中的男孩愛彌兒，將二十歲以前的教育過程分為四個時期，茲簡述於下（許興仁，民72）：

第一期：家庭教育及體育（誕生至五歲）

盧梭主張教育要從搖籃期開始，從孩子出生後，父母，尤其是母親對於教育應負起絕大的責任。「母子間的自然義務與愛情，乃一切美德與人情的根本。」「家庭生活乃針對惡德最好的解毒劑。」在家庭中，父親的角色有如教師，而母親則如奶媽，「以餵自己兒女的奶去養育他人兒女的婦女，必然是不良母親。」「不能達成父親的義務者，無做父親的資格；諸如貧窮、繁忙、雜務等都不能做為逃避教育子女責任的藉口。」

而這時期的教育是以養護身體和鍛鍊身體為主，盧梭認為「邪惡因於虛弱，能勝任工作就不致為惡。」體能教育的方法

可分為積極與消極兩方面——就消極方面，母親要親自哺乳，否則易造成幼兒身體、精神及道德上的缺陷，破壞了人類的天性；除非極有必要時，否則要避免醫師及服藥；而且要遠離都市，住在適合身體健康及與自然接近的鄉村。就積極方面，幼兒應洗冷水浴，以鍛鍊其忍耐寒暑變化的能力；給與充分的戶外活動，注意衣著必須寬鬆，以免妨礙身體四肢的運動；還要給與幼兒飢餓、口渴、疲勞等的考驗。

第二期：感官教育（五歲至十二歲）

盧梭相信一切事物必須透過感官才能進到悟性，感官是理性的工具；因此，理性教育必自感官教育著手。這時期須極注重兒童的感官訓練，多摸、多看、多嗅、多接觸外界的實物。最好利用自然界引發種種問題，使孩子從日常生活中養成判斷和推理的能力。

盧梭認為十二歲以前的知識生活只限於感覺和單純觀念，所以是屬於感覺作用為主的理性睡眠時代，在這時期，書籍對於教育是有害無益的存在，但只有《魯濱遜漂流記》這一本書例外。由於這時期尚不適合進行知識及道德方面的灌輸，所以必須從經驗中接受教育，兒童的行為若不合乎自然的秩序，自然就會給與約束或規範，教育一定要順從這個大自然的法則。所以，這時的人為教育如果還有發揮的餘力，只不過是要多了解大自然的運作方式，以使各種教育措施不致違反大自然的程序。這就是「自然懲罰」說。

第三期：理性與手工教育（十二至十五歲）

　　十二歲以後開始進入理性覺醒的時期。這時候的教育內容應以自然科學為主，不應注入抽象的知識，而應傳授兒童生命中最切合實用的知識，因為傳授判斷力要比傳授學問更重要。教學方法也要採取以具體實物為基礎的實驗觀察法，使兒童與事物本身接觸，藉著事物本身與兒童內在能力直接的交涉而獲得活的知識。「除世界之外別無書籍，除事實之外別無教育。」他極端反對以教科書實施教育，要將語言與觀念、知識與生命融合，才是教育最重要的原理；教育的目的既不是博學，也不是讀破萬卷書，唯有充分被陶冶的頭腦才是教育的真正目的。

　　在這時期除了理性教育外，還要加上手工的教育；盧梭將手工與理性並列，成為手腦並用的教育。「勞動是社會人應盡的義務，無論強、弱、貧、富，徒食的市民就是盜賊。」勞動是人類對於社會必須負擔的生活代價，而手工是勞動中最接近自然者，個人藉著手工才能自然地完成對於社會應盡的義務。

第四期：感情教育（十五歲至二十歲）

　　愛彌兒此時在身體及精神方面的教育已經完成，但若要成為完全的人，還缺少愛人的情感。盧梭將感情生活視為「人類生活最高的境界」，感情教育是人性教育的完成，感情生活的覺醒，能把一個人從個人的世界帶到人與人關係的世界，這時才會有道德的存在，此期也就是道德宗教教育的時期。教育從

誕生就開始，可是真正的人性教育是從這時期才開始。

　　此時的愛彌兒，能由關心自己而注意到人際關係，更會關懷別人，考慮他人的存在，於是做了許多慈善的事，並藉由人際關係的擴大，促進社會感情的覺醒，意識到自己是社會人，準備社會生活。這時，愛彌兒也找到了理想的配偶蘇菲（Sophie），與之訂婚後，還要到國外旅行兩年，以增長見聞與知識，懂得各國語文、學術、風土人情、政治組織與立法，進而成為一個世界的公民。

　　盧梭所想像的理想女子蘇菲又應該接受怎樣的教育呢？盧梭首先認為男女在自然上就有差異，由於男強女弱，女子性情溫和、富於情感，應以順從、迎合及取悅男人為天職，不能研究高深科學，必須善於料理家政，平常應當學習手藝，養成勤勉習性；如能懂得唱歌、音樂、彈琴、跳舞以取悅男子為更可貴。女子應以美麗、體貼、健康、婚後多產，做一個賢妻良母為終生職志。

　　基本上，盧梭的教育思想有兩大重點，一是大倡民主教育，闡揚兒童人格尊嚴的意義，並極力倡導兒童在德育、智育及體育上都有成人所自嘆不如的價值；二是力改人性本惡的謬論，而高倡人性本善之說。他為平民喊冤，為兒童請命，為新一代叫屈。由於盧梭的文筆相當感人，造成聲名大噪，不僅在政治上引發民主大革命，也在教育思想及行動上成為新舊教育的分水嶺。因此，盧梭的幼兒教育思想是值得深入研究的。

參、自然主義教育與兒童本位原理

　　盧梭是自然主義教育的倡導者，他在《愛彌兒》一書中開宗明義就寫道：「凡是來自造物主的事物都是善的，但一切只要到了人的手中，就變成惡的了。」保持純粹自然性的人稱為自然人，因社會制度習慣而喪失其自然性的人則稱為社會人。人類的最高理想就是自然人的生活，因為自然人能擺脫社會文明所帶來的人為關係的枷鎖，完全依賴本身而生存，是個獨立自主的絕對存在。

　　教育的目的當然就是使人成為自然人，這並不是將人回歸於原始狀態，而是要使人性得到自然的發展。盧梭認為人類自然的本性也是慢慢發展的，但在發展過程中必然會不斷地受事物及社會的影響；這些影響如果與自然性的內在發展互相矛盾，則自然人將變成社會人，這也象徵著人性的墮落。因此，教育就是要調整環境，排除會阻礙自然發展的事物；換句話說，教育不是積極地干涉兒童的本性，而是消極地調整對於兒童本性有影響的外在事物。盧梭認為世界上一切錯誤的教育，是由於使用與自然性相悖的習慣來替代人類純真的自然性所致，「不受任何習慣所感染的習慣，才是學生所要養成的唯一習慣。」

　　自然主義的教育學說，認為兒童生來就具有潛伏的能力，若能配合良好的環境，它就能夠自行生長。不過，兒童的生長過程是逐漸發展的，有一定的順序，不能逾越而進，要平均發

展而不可有所偏廢。教育的任務，在於提供兒童適合的環境，使它能夠自然和諧地發展出原有的能力。教育不是從外面傳授兒童能力，也不是用外鑠的方法來增進兒童的能力，乃是把兒童本身所固有的能力，循著自然的順序，得到充分而均衡的發展。

　　既然教育應以兒童自然獨立的本性為基礎，促進兒童內在本性的自然發展，以兒童自發的發展為最高目的，那麼，這絕不是教師本位的教育，而是以兒童為本位的教育；教育活動不再是注入式教育，而必須以兒童為出發點，適應兒童身心的發展和本性；教育的主體也要由教師轉移到兒童。兒童本位的教育，就是「讓兒童真正過著兒童的生活」。兒童時期有絕對的意義和價值，不能把兒童時期視為達到成人時期的手段，應「把兒童當作兒童」。換句話說：「兒童非成人的縮影」，教育應「讓兒童在兒童之中成熟吧！」

　　盧梭的兒童本位思想將兒童權益宣揚到前所未有的境地，而順應自然的教育學說更在十九世紀由斐斯塔洛齊、福祿貝爾等人發揮其精義，對於今日的幼兒教育影響最大。即使盧梭自己的理論、思想並未曾真正實施，他一生都過著與教育家背道而馳的生活，但他所主張的順其自然、以兒童為本位的教育思想，並強調感官訓練與身體活動，重視兒童個性、因材施教的原則，可說對現代幼兒教育具有很大影響。

第三節 斐斯塔洛齊

教育愛的實踐者 實驗教育的創始者

壹、生平簡述

斐斯塔洛齊（Johann Heinrich Pestalozzi,1746~1827）是義大利裔的瑞士人。五歲時父親因病去世，母親的身體極為孱弱，又遇上子女接二連三地夭折，精神上極受打擊，但憑著堅強的宗教信仰，勇敢地承擔了這個家庭重擔。女僕巴貝莉也主動犧牲一切，終生不離地幫助女主人維持這個家庭。斐斯塔洛齊因而從小就堅信，在一個充滿信仰及愛心的家庭中，可以克服貧困所可能造成的墮落。這也為他一生都以愛心服務教育工作奠定了真正的根基。

斐斯塔洛齊與其夫人安娜首先在農場成立貧民教育的機構，為了五十名農村子弟貢獻了所有精力。他認為，教育是

「人」與「人」之間的影響，相信唯有以「親子之愛」去推行教育才能得到效果，所以，他和孩子們一起吃住，分擔他們的痛苦和快樂。然而由於斐斯塔洛齊缺乏農場管理的才能，致使資金週轉不靈，以愛為基礎的貧民教育又得不到家長的同情與支持，未滿五年就全歸於失敗，宣告倒閉破產。這時又加上夫人染患重病，全家生活頓入困境。

此後十八年，斐斯塔洛齊以著作維生，發表了許多有關教育理論的著作；或為散文，或為格言，或為書簡，都是零星且先後重複的舉出他獨到的教育思想，但始終沒能完成較有體系的教育理論。其中最有名的幾本著作《隱士之黃昏》（1780）和《林哈德與葛篤德》（1781~1787），也為斐斯塔洛齊贏得國際盛名。

一七九八年，因法國革命而引發瑞士斯丹茲市的大屠殺，數百名孤兒需由政府照顧。於是新政府成立了一所孤兒教養院，任命斐斯塔洛齊負責主辦。那裡房屋簡陋，設備全無，八十個兒童或傷或病，十之八九連字母都不認識。然而，斐斯塔洛齊卻深信：「不管如何貧窮，品行如何不好的孩子，總是具有神所賦予的人性。」當時斐斯塔洛齊已經五十三歲，單獨一人與這些孩子一起生活，一起哭、一起笑、一起飲食、一起睡，也一起禱告。他說：「我想我是這個社會上最不適宜做這項工作的人。……然而我卻有始有終地做了，我所憑藉的就是愛。有真實的愛，當我背負十字架的時候，愛就具有神的力量。」六個月後，孤兒院被收回，而其教育效果已經非常顯著。

⊖ 斐斯塔洛齊在斯丹茲孤兒教養院的慈愛畫像

　　此後，斐斯塔洛齊在卜孤多福公立學校當教師，後來又創設私立小學，努力實驗研究一種新的初級課程教學方法。當學校遷移到伊弗登（Iferten）時，斐斯塔洛齊又注意到全體的「人」的教育，提出並建立近代國民教育的正確觀念。這時他的教育實驗工作可說已達登峰造極，成為當時歐洲新教學法的實驗中心，學生來自歐美各國，本質上變成是一部分貴族兒童的明星學校，這與斐斯塔洛齊的貧民教育主張及國民教育的理想都不相符，致使他相當挫折苦惱。於是又另外設立一所貧民小學，再一次展露出他熱愛兒童的慈父本性。

　　一八二七年斐斯塔洛齊逝世，學生們照他的意思，只種一棵薔薇代表墓碑，一直到十九年後，也就是紀念斐斯塔洛齊百年誕辰的紀念日，第一塊紀念碑也就是他的墓碑才正式建立。

碑上刻著「他是：人性的教育家，一個真正的人，真正的基督徒，真正的公民；犧牲自己，一切為人，從來不為自己。」

斐斯塔洛齊的主要著作簡介如下：

㈠《隱士之黃昏》（Abendstunde eines Einsiedlers, 1780），又譯為「隱者夜話」

這是斐斯塔洛齊早期在教育工作上遭受挫折後，以格言的方式發表的教育理論。他認為教育的根本原理就是順應自然之道，教育和生活應該順應自然的原理；由於人的本質來自神，保有一種潛存的善性，因此，真正的教育必須是「好人的完成」的教育。斐斯塔洛齊也指出，要從三種關係中才能有效地完成「人」的教育，那就是人必須與「神」、「父母」與「他人」先建立良好的關係，而其中，家庭教育又是一切教育的模範。由書中可見斐斯塔洛齊雖然受盧梭的理論影響頗深，但在教育任務方面，他深信人是生活在社會裡的一份子，所以必須特別重視宗教與道德。

㈡《林哈德與葛篤德》（Lienhard and Gertrud，1781~1787 年間共出版四篇），俗名「醉漢之妻」

這是一本小說，描述主角林哈德因酗酒而墮落，其妻葛篤德是位賢妻良母，最後終於靠著信仰的力量，以任勞任怨、克勤刻苦的精神，將丈夫從酗酒的惡夢中解救出來的經過。斐斯塔洛齊寫這本書的主要目的，是想用通俗化的筆法來介紹「教育如何能改造人心」的主題，並藉著葛篤德來說明兒童教育的

方法。書中並強烈地認定改造社會必須先從兒童教育著手，兒童教育成功了，外在的惡劣環境也不會對兒童有任何的影響了。此書在當時成為國際間盛行的名著，被列為當時「國民必讀叢書」之一。斐斯塔洛齊的名望因而大為增高，國內外都對他極表尊敬，可惜的是，書中的教育理論並未能受到特別的注意。

㈢《葛篤德如何教其子？》（Wie Gertrud ihre Kinder Iehrt, 1801）

是由斐斯塔洛齊給友人的十四封信集結而成。可視為對他二十一年前在《隱士之黃昏》一書中所提出的「教育應順應自然之道」提供了具體方法，也就是「直觀教學法」的說明。這時的斐斯塔洛齊已經從斯丹茲及卜孤多福的教育經驗中發現了兒童自發的活動力和直觀力。

㈣《天鵝之歌》（Schwannen Gesang ,1826）

此書是針對從伊弗登學校時期以來所關心的問題──「基本人性的陶冶」加以探討與結論，再加上晚年時檢討過去五十年慘痛生涯的失敗原因為內容。可以說他苦思五十年的根本問題「人是什麼？用什麼教育方法才能使人真正成為人？」終於在本書中獲得了結論。基本上，斐斯塔洛齊是以謀求「腦」、「心」、「手」的均衡發展作為「陶冶基本人性」的方法。

貳、教育理論

斐斯塔洛齊的教育理論並沒有統一的體系，不過他在教育理論研究上卻有空前的貢獻，並且創造了國民教育的觀念。在斐斯塔洛齊之前，一般都把教育看做是「被動接受」知識的歷程；在此之後，則把教育當成內在精神力量的「自動發展」。斐斯塔洛齊認為教育乃是人類本質的改造，沒有教育就沒有文化，致使此後西洋各國的教育研究成為學術研究。他主要的教育思想如下：

㈠在教育工作中，人所能做的事，是幫助兒童在自己的努力下發展出內在本質。

㈡教育需以實物為媒介，以實驗的態度去發現正確的教學方法。

㈢由於人必須生活在社會中才能獲得教育效果，所以教育除了使個人的本質和諧發展之外，還需重視道德訓練、宗教陶冶等文化的客觀價值。

㈣家庭中的母子關係是道德及宗教教育的基礎，以母子間很自然的愛及互相信賴的心理為基礎，加上培育感恩及服從的心，終可產生信仰上帝的心。

㈤要求真正的教育效果時，愛的教育之外，還必須注意嚴格的訓練；發揮「自由」精神的愛與訓練「服從」習慣的威嚴是同樣重要的。

㈥教育的功用在培養兒童的腦、心、手，即 3H 均衡發展，智

育、德育、體育（包括勞作）三者並重。教師須幫助兒童養成自助的習慣，從自動中訓練知、情、意，以使其得到和諧的發展。

㈦「直觀」（德文 Anschauung，英文是 experience & observation）是兒童認識的直接知識，是一切認識的出發點。而「語」、「形」、「數」是一切教學法的基本要素，人類的知識就是依照「語」、「形」、「數」的次序所構成，藉由此而發展出「讀」、「寫」、「算」（3Rs）的能力。這就是「直觀教學法」。

斐斯塔洛齊對後世的影響是多方面的，他的名字可以說就是一種新教育的象徵。斐斯塔洛齊重視經驗，使教學開始具有心理學的基礎，教育理論也有了組織性的發展，教學活動已經在教育觀念之外能再兼顧學習者心理能力的運用。教學上首先利用石板、鉛筆，組成班級型態的教學，也是斐斯塔洛齊的創見！斐斯塔洛齊八十一歲的生命都把熱情與精力灌注在教育事業上，充分發揮偉大的教育愛，是生活實踐的教育家。他對貧民教育的熱心、教學方法的改良、國民教育觀念的提倡、手工教育的重視等，都對後世有極大的啟示與貢獻；而其磊落的人格、有教無類的偉大胸襟、一生勞力的事蹟也是後世從事教育工作者的楷模，是鼓舞教育工作者精神力量的來源。

第四節 福祿貝爾

幼兒學校 Kindergarten 的創始者

壹、生平簡述

福祿貝爾（Friedrich Wilh-elm August Fröbel, 1782~1852）於一七八二年四月二十一日生於德國的圖林根（Thüringen），出生後九個月母親就去世，父親是牧師，終日忙於教區工作，無暇照顧子女，繼母也不理會福祿貝爾。在失去父母之愛的情況下，他的童年生活非常孤獨，因而形成了內向的性格。由於在鄉村中長大，常和

自然界接觸，不但影響福祿貝爾後來的教育理論，也對他的哲學理論奠定穩固的基礎。在小學時代，曾入學於鄉下一所女子小學，直到十歲時到舅父家才正式就學，受到宗教與神學影響頗深；十五歲時進入林業管理局當學徒，引發對自然科學研究的興趣。一七九九年終在費盡辛苦後進入耶納（Jena）大學研

修哲學，第二年就因經濟貧困
而輟學。

一八〇五年，福祿貝爾在
一個偶然機會下到一所斐斯塔
洛齊學派的學校擔任教學工
作，自此對教育產生極大的興
趣，並經常拜訪在伊弗登的斐
斯塔洛齊，後來並以兩年的時
間在斐斯塔洛齊的學校正式參
加教育工作。這兩年，受裴氏
影響很大，也是他一生事業的
轉捩點。之後福祿貝爾兩次重

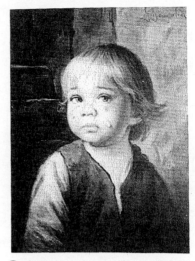

➲ 畫家筆下幼兒時期的福祿貝爾

返大學專心致力於自然科學的研究，進而從礦物學的研究中發
現礦物結晶的嚴格規律性，再加上幼年時所觀察到植物的內在
規律性，於是更堅決地相信，人的發展規律也是自內而外，不
能他求，這可說是福祿貝爾教育哲學中最基本的根據。

➲ 福祿貝爾在圖林根的家，現在是福祿貝爾紀念博物館

一八一四年發生反拿破崙的自由戰爭，福祿貝爾參加了志願軍為國效命。戰爭勝利後，返回柏林大學繼續從事礦物學的研究，對於教育理論也漸有成熟的見解。一八一六年創辦第一所實驗性的學校「德意志普通教育場所」（Der allemeine deutsche Erziehungsanstalt，The Universal German Institute），並在十年後出版了他的不朽名著《人的教育》（Menschenerziehung，The Education of Man），然而學校在陷入財政困難後又加上政治力量的干涉終而停辦。雖然如此，福祿貝爾依然不屈不撓，依據「自我表現」、「自由發展」的原則，以遊戲的方式推行他的教育理想，在其他各地繼續從事教育的實驗工作，其成就也受到一般民眾的肯定，並奠定他在幼兒教育的理論基礎。

　　一八三七年，他在布朗根堡（Blankenburg）租用一所已廢棄的小磨粉廠創設「導致自我教授，自我教育的直觀教育學園」（Der Anstalt für Anschauungsunterricht zum Selbstunterricht und zur Selstbelehrung），後來又改名為「兒童青年活動力培養所」（Der Anstalt für Pflege des Beschaeftigungstriebes der Kinder und Jugend），並開始研究製作「恩物」（gabe，gift）。為了訓練恩物遊戲的指導員，於一八三九年開始設立以六個月為期的「幼兒教育指導人員講習班」。為了這些講習班的學員而另設一所實習的學校，收受約四十名六歲以下的幼兒，取名為「遊戲及作業教育所」（Spiel-und Beschaeftigungsanstalt）。隔年因見布朗根堡的自然生趣與美麗猶如一個大花園，便正式將學校改名為「兒童花園」（Kindergarten）—

—中文將之翻譯成「幼稚園」。所以，一八三九年六月創立的「遊戲及作業教育所」才是真正幼稚園的前身，它的生日也就是幼稚園的生日。從這些史實可以了解福祿貝爾創設「幼稚園」有兩個目的：

㈠給與幼兒團體教育的場所與環境。

㈡幫助母親明白自己對幼兒的教育所要負起的責任，並且提供一個學習與實習幼兒教育方法的場所。

⊙ 布朗根堡市福祿貝爾公園內的普通德意志幼兒園紀念碑

一八四九年因得到馬林荷茲－布露男爵夫人（Baroness Bertha Von Marenholtz-Bülow, 1810~1893）協助，全國已成立約二十所幼稚園，但到一八五一年，有人將福祿貝爾自然發展的教育思想與其侄子的社會主義學說混為一談，以致引起普魯

士政府的誤會，懷疑福祿貝爾的思想有革命色彩，下令查禁轄境所有的幼稚園。福祿貝爾雖極力辯明，但始終未蒙接納，於是更加在演講、文字方面宣傳他的教育理論，終於在七十歲的生日會上贏得最高的尊榮。但不幸在兩個月後便溘然長逝了。他的墓碑以第二恩物三體的形狀作成，刻著詩人席勒的話：「來吧！為我們的孩子們而活！」（或譯：與我們的孩子一起生活！）

⊋ 福祿貝爾之墓

福祿貝爾逝世之後，他的遺孀、弟子及友人變成了他精神遺產的繼承人，尤其馬林荷茲－布露男爵夫人受過高等教育，精通多國語言文字，兼有崇高社會地位，又是最受福祿貝爾精神感召的弟子，遂變成傳揚福氏學說、發揚福氏精神的最偉大使徒。經由她到各國宣揚福氏幼稚園的理論與實際做法，直到一八六一年普魯士政府才取消禁止幼稚園的命令，更在一八六七年成立「福祿貝爾協會」，至此，幼稚園的制度乃奠定了穩固的基礎。美國也在一八五五年成立第一所幼稚園，經由畢保德（E.P. Peabody）女士一生的努力，福祿貝爾幼稚園也在美國相當普及。因此我們可說：「十九世紀歐美國家的幼兒教育是在福祿貝爾教育學說的影響下推行。」二十世紀後，幼兒教育的研究與發展更加積極與迅速，可說受到

福祿貝爾的影響最大。

貳、教育思想

《人的教育》一書是福祿貝爾教育學及哲學的一大集成，可瞥見他的教育原理梗概。以下為其教育理論的基本觀點：

一、生命大統一原理

😊 三體紀念碑

福祿貝爾百週年誕辰紀念時所建

這是代表福祿貝爾一貫的宇宙觀、人生觀，也是他一切思想的出發點。他認為宇宙與萬物是合理而井然有序的，受一定的規律、法則所支配；而由於宇宙萬物及所有現象是「造物主」神的智慧創造，所以這個「大統一」的根基就是神。又因為萬物皆是神所創造，所以神的本質——神性就存在於萬物之中。也就是說，包括人與自然的所有生命都多少含有些「神性」，所以一切生命都含有相同的素質。人是萬物中之靈長，具有最高度「神的本質」，能以理性認識事物，因此，教育的目的就在使人能意識到內在的神性，能以自由意志，充分而具體地表現這種內在

本質。任何人只要能知道自己的精神特質乃神所賜與，與神為一體，能感覺自己和一切人類、一切自然現象間有內在的關係，就會形成一種生命統一的意識，自然就有「民胞物與」的人生觀。

生命大統一的原理也包括「部分」與「整體」之間的統一性。因為人是宇宙萬物的一部分，但本身也是一個整體；人必須在生命大統一的關係中才能真正是一個「人」，如果離開與整個自然環境的大統一關係時，他雖然有人的外形，但卻已經失去了「人性」。在福祿貝爾的代表恩物——「三體」中，正可以表現出生命大統一的原理。孩子在應用福祿貝爾的恩物遊戲時，應能從中發現「整體」與「部分」之間的統一性與多樣性，否則就沒有達到福祿貝爾所期望的教育目的了。

二、自我活動原理

人內在的神性向外表現的自發性活動便是「自我活動」，教育工作的目標乃是喚醒兒童內在本質，幫助並發展神性的表現。福祿貝爾認為「遊戲」就是兒童內在本質的外現，是自由自發的自我表現；兒童透過遊戲不但可以滿足其內在的需要與衝動，並可經由其已知的世界去認識、了解其周遭未知的外在世界。福祿貝爾是教育史上第一個承認「遊戲」的教育價值，而且有系統地把遊戲活動列入教育歷程的教育學者。為了引發及滿足兒童的自我活動，福祿貝爾在遊戲用具——恩物上花了許多的時間與心力。

三、連續發展原理

福祿貝爾認為發展是循序漸進的過程，不可能是跳躍的突變；在發展的歷程中，每一階段都是前一階段的延續，所以，前階段是後階段的基礎。兒童的發展乃是由「自然兒童」出發，經過「人類兒童」而成為「神的兒童」；兒童本性最早顯現的是「自然」方面，以教育的力量，才能夠把原本潛伏的「人類」和「神」兩方面的素質也顯現出來。

四、勞作和宗教的原理

創造、活動、勞動、生產是人所具有的神性表現，因此，人必須在不斷地生產勞動中才能認識自己的內在本質，也才能真正認識神，能洞察神的本性。所以，勞動和宗教是互為一體的。福祿貝爾說：「不勤奮的宗教，或沒有勞動的宗教，會流為空虛的夢，短暫而無價值的幻想；如同沒有宗教的勞動與勤奮將會迫使人變為機械一樣，這兩者具有相同的危險性。勞動和宗教是不可分離的。」由於人類天性的需求，小孩應儘早開始教育勤勞及勞動生產的活動，所有的幼兒、青少年每日最少要有一或二小時認真而專心地從事生產作品的勞作。因為經過勞作所學習的，也就是在生活中學習的，才能夠印象最深刻，理解較透徹。這就是現代所說的「從做中學習」或「從生活中學習」的教育方法。

五、社會原理

　　福祿貝爾強調：「嬰兒生下來，他不只是家族的一份子，他應該被視為全民族的一員，同時也是全人類的一員。」因此兒童的成長發展與人類的成長發展息息相關。福祿貝爾用「部分的全體」一詞來說明個人與家庭、社會、民族以及全人類的關係；個體本身是一個「全體」，但同時又是屬於更高層次的全體的「部分」。「部分」與「全體」具有統一關係，例如手指是手的部分，如果與手分開，雖然也是手指，但功能已失。所以，「兒童教育必須與人類的現在、過去、未來的發展需求相結合，也就是互相調和並謀求一致。」「人具有神的素質、自然的素質以及人的素質三方面，所以個人與神、自然及他人的關係中具有『統一性』、『個別性』及『多樣性』。兒童教育應該留意隱藏在個體裡的現在、過去及未來的可能性。」也就是說，教育要使兒童的個性充分發揮，鼓勵多樣性，但也不能忽略在「生命大統一」關係中的統一性。

參、教育方法

　　福祿貝爾在《人的教育》一書中將兒童的本能分為四類：第一類是活動的本能，也就是創造本質的表現，所以教育必須引起兒童內在積極性的發展，進而培養其自動性和創造性。第二是認識的本能，這份力量使兒童時時刻刻企求去揭發認識萬物的內在本質．第三是藝術創作的本能，因為宇宙萬物的井然

有序已形成一種美的情態，所以兒童也能對生活中的物體賦予一些美麗的藝術形式。第四是宗教的本能，以每個兒童內在本質的神性為依據，能和諧地發展出與自然、其他人及神的大統一。基於這四類本能，福祿貝爾將課程分為：一、宗教及宗教教育，二、自然科學及數學，三、語言與語言教育，四、藝術及藝術教育四大領域。這些課程並不限於幼兒教育，亦適用於初等教育。至於幼稚園內每天的活動則大致有三：一是表現，二是唱歌，三是手工。上課專用口語不用文字，教材也有三種：《母親之歌與愛撫之歌》、「恩物」、「手工材料」。《母親之歌與愛撫之歌》共有五十八課，每課附有圖畫和注釋，歌詞大半是故事。這是一本富有深度精神內涵與藝術性的書，福祿貝爾在書中以歌頌的方式述說真正的人的教育出發點在虔誠的母心。「恩物」意為「神慈愛的恩賜物」，或「父母、長輩以愛心賜與兒童的遊戲物」，共二十種，是福祿貝爾用以促進兒童自我活動、自我發展的重要教具。

總觀福祿貝爾的教育方法有三個特點：

一、尊重兒童自由，讓兒童自動自發地活動

福祿貝爾認為教育的本質乃是兒童內在精神本質的發展，若能尊重兒童的自由，讓兒童自己去行動，兒童內在本質始能繼續不斷的發展。能自由、自動的活動才是創造的活動，也只有在創造的活動中才能把蕪雜、混亂的物質變為統一、有系統的精神。由於教育不是生活的預備，而是日常生活的參與，因此教育工作必須和實際生活連結在一起；只有在實際工作和行

動中所得到的認識和知識，才是正確有用的。

二、重視遊戲價值，讓兒童從遊戲中發展神性

福祿貝爾認為兒童期的遊戲，其意義與價值乃在遊戲活動本身，只是為遊戲而遊戲，沒有其他的任何動機，也沒有任何遊戲之外的外在目的。所以，讓兒童自由自在地遊戲可以促進其自內而外的發展，再加上遊戲中常有「規律性」的限制，可以陶冶兒童的責任感與義務感，所以，遊戲是一種正確有效的教育方法。

三、使用恩物，藉以了解及認識自然

所謂恩物乃是「神恩賜給兒童的玩具」，係根據自然界的法則、性質、形狀等用簡易明白的物體製成，以作為兒童了解與認識自然的初步訓練。從恩物的遊戲中可以訓練兒童的感官能力，發展天生具有的「創造、活動、勞動、生產」四種神性，並養成兒童的規律性。因為每組恩物的各部分必須依照規律性整理起來，才能表現出它的價值，故兒童可從當中得到統一與整體的概念。

肆、福祿貝爾恩物

恩物的創製是福祿貝爾在幼兒教育中一個非常具體的貢獻。恩物共有二十種，通常將前十種稱為「遊戲性恩物」或「分解恩物」，後十種稱為「手工」或「綜合恩物」。由於恩

物是為達成教育目的的工具、方法，是可以隨時改進的，所以由福祿貝爾友人及弟子創製者也不少。茲將恩物簡介如下：

第一恩物：六色球。用紅、橙、黃、綠、藍、紫的毛線織成球套，內塞以棉花或海綿，具有柔軟感覺，球的直徑6公分，約為幼兒的手可握住之大小，分為有帶子和無帶子兩種。由於球體象徵自然界的一切現象，從精神方面而言，也可以培養圓滿的人格。

第二恩物：三體。球體、圓柱體、立方體，木製，直徑和高度都是6公分。另有迴轉遊戲用的木棒、鉤子和木棍，與三體放在木盒中。由於「球」代表自然，象徵「統一中的統一」、「運動」、「無限」與「整個宇宙」；立方體代表人工、穩定與靜的特性；圓柱體則代表自然與人工的綜合，包含前兩者所具有互相矛盾的性質，三體正代表福祿貝爾的根本思想──生命大統一的原理。

➲ 福祿貝爾第二～六恩物

第三恩物：立方體。八塊小立方體合起來是邊長6公分的立方體，用木盒裝。

第四恩物：立方體。八塊長方體小積木合起來是邊長6

公分的立方體，用木盒裝。

第五恩物：立方體。二十七塊立方體小積木合起來是邊長 9 公分的立方體，其中三塊小立方體對角切成六塊大三角柱，三塊小立方體則兩次對角切成十二塊小三角柱，共切成三十九塊，用木盒裝。

第六恩物：立方體。二十七塊長方體小積木合起來是邊長 9 公分的立方體，其中十八塊長方體與第四恩物相同，六塊長方體橫對切成長寬各 3 公分，高 1.5 公分的柱台十二塊，三塊長方體則直對切成長 6 公分，寬 1.5 公分，高 1.5 公分的長方柱六塊，共切成三十六塊，用木盒裝。

第七恩物：面。由邊長 3 公分的正方形及各種三角形——等腰直角三角形、正三角形、直角三角形、等腰鈍角三角形所組成。以塑膠色板或馬糞紙貼蠟光紙製成。

第八恩物：線。用細竹棒或木棒製成，分為 3、6、9、12、15 公分五種不同長度。

第九恩物：環。用金屬製成的全環及半環，分為直徑 3、4.5、6 公分三種大小。

第十恩物：點。以豆或小石頭為材料的粒狀體。

第一及第二恩物是以球為出發點，介紹立方體、圓柱體等客觀的宇宙原物。第三、四、五、六恩物則以立方體為主體，讓幼兒體驗各種立體形狀，第七恩物使幼兒體驗平面的概念，並了解平面的分割與分解，第八恩物介紹直線，第九恩物介紹曲線，第十恩物介紹形態的極限——點。所以福氏前十種恩物是立體、面、線、點逐漸由具體進入抽象，以幫助幼兒發現、

福祿貝爾恩物二十種相互關係表（許興仁，民72）

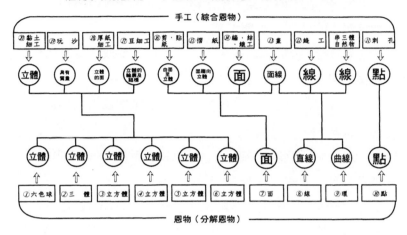

認識並了解其環境及周圍的事物為目的。在遊戲過程中還能引導顏色、奇數、偶數、倍數、分數的概念，並能訓練幼兒的感官能力，進一步還可養成規律觀念並啟發創造力。這些恩物不僅可以自由處理、分割、分解，又能回復原形，滿足幼兒的心理需求。此外，在指導恩物時必須讓兒童發現「整體」和「部分」、「繁多」和「統一」、「多歸於一」和「一中有多」的關係，並必須依照規律收拾整理，才能表現出它的價值，也正是「生命大統一」教育理想的呈現。

第十一恩物：刺孔。用針刺小孔於紙面，表現出種種物體的形狀。

第十二恩物：縫工。用硬紙刺小孔成各種物形，然後用毛線彩帶縫連。

第十三恩物：畫。黑板畫、蠟筆畫、水彩畫、墨畫，可

自由畫，也可用手指、腳畫。

第十四恩物：編、結、織工。紙、布、自然物均可用，數種顏色的調配，訓練美感。

第十五恩物：摺紙。以正方形色紙摺成各種幾何形狀，然後再摺成相同的物形來組合。

第十六恩物：剪紙、貼紙。以色紙剪成的幾何形狀貼在另一張紙上。

第十七恩物：豆細工。豌豆浸水後用竹條或細鐵線穿成各種物形。

第十八恩物：厚紙細工。以福氏立方體展開的六個正方形面為基礎，以任意大小的正方形紙摺成十六分之一後展開，再用不同的剪法製成各種造形。

第十九恩物：玩砂。以沙坑、沙箱、沙盤配合各種玩具做成物形。

第二十恩物：黏土細工。以黏土捏成各種物形，以自然物（如樹葉、貝殼）印在黏土上玩耍。

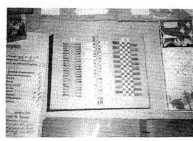

😊 福祿貝爾紀念博物館內所展示的恩物

福氏後十種恩物乃以點為出發點，由點、線、面，再發展為立體，由抽象再逐漸回到具體，與前十種恩物的順序相反。除了是培養美感造形的基礎之外，也可引導顏色、數的概念，還可養成兒童的規律、節奏、韻律感並啟發創造力。

🡒 福祿貝爾紀念博物館前的
母子像

　　歷史上，能從教育觀點來思考設計、製造兒童的活動材料的人，福祿貝爾應該是第一位。因為恩物的本身不是目的，恩物的目的在於滿足幼兒的活動本能，幫助並發展神性。當兒童使用這些材料活動的時候，就能透過活動的歷程與經驗來培育各種能力。這些遊戲材料本身即具有認知的、道德的、美的、生活的內涵，因此福祿貝爾在使用方法上就把握了「認知的」、「生活的」、「美的」三種形式，並在活動歷程中扮演道德教育的功能。如認識「部分的整體」或「整體中的部分」的關係，也就是一種廣義的道德教育。所以，不該將恩物遊戲當做一種課程，不顧幼兒的需求進行教學，這種模式化的教學完全與福祿貝爾的教育理論背道而馳。

第五節　蒙特梭利

科學化幼兒教育的開創者

壹、生平簡述

　　瑪莉亞・蒙特梭利（Maria Montessori,1870~1952）於一八七〇年八月卅一日生於義大利，是家中的獨生女。從小就不能安於接受傳統女性的角色，十三歲時進入工科學校。當時女孩子進入工科就讀是一件極不平凡的事情，而瑪莉亞在三年後以優秀的成績畢業，旋即進入國立工科大學學習現代語言與自然科學，一八九〇年再度以優秀成績畢業，數學的成績尤其是全校最高。父母希望她能選擇當時義大利傳統婦女的終生事業——教師，但瑪莉亞毫不考慮地拒絕，充分表現其堅強的意志與獨立的精神，可稱得上是位「婦女解放運動者」。

後來瑪莉亞決心學醫。當時的女子想讀醫學院是前所未有、荒謬而絕不可能的事，但她卻親自拜訪當時的教育部長請求許可，可惜未能如願。一八九〇年她先以自然科學學生的名義進入羅馬大學修習醫學相關課程，一年半以後以優良成績通過進入醫學院所必修的課程考試，獲得進入醫學院的資格證書，再經過多年不斷奮鬥爭取，終於在一八九六年以第一名的成績畢業於羅馬大學醫學院，成為義大利第一位女性醫學博士。

⊙ 十七歲時的蒙特梭利

　　畢業後不久就被羅馬大學聘為「精神病診所」的助理醫師，在精神病院中看到被關在裡面的智能不足兒童，深表同情，決心幫助他們，因此又重新回到羅馬大學以旁聽生的身分修讀教育學。有一次當她在精神病院中的監獄式房間觀察智障兒時，發現他們剛吃完飯就在地上亂抓、亂摸想找尋麵包屑吃，她認為這是因為想找能用手抓握、操作的物品，以訓練手的抓握力，而不是為了食物本身。蒙特梭利終於了解：「發展智力必須透過雙手的操作。」並認為「智能不足主要是教育上的問題而不是醫學上的問題」。一八九八年在杜林

（Turin）的教育會議上以「智能教育」為題發表演講，建議由醫師及教師聯合組成小組，共同監督及實施智能不足兒童的特別醫療及教育，同時展開一項以「感官教育必先於智能教育」為原理的具體計畫。當年即被聘為「國立啟智學校」的校長。自此兩年間，蒙特梭利依據法國塞根（Edouard Seguin, 1812~1880）為不幸幼兒所設計的特殊教育法及伊塔（Jean-Marc Gaspard Itard,1775~1838）著名的「亞費洪的野男孩」（The Wild Boy of Aveyron）實驗研究報告，為羅馬教師預備了一套對低能兒童之特殊觀察法與教育法，並製作許多各樣的教具（didactic material）。結果，這些智障兒童不僅學會了讀與寫，且成功地通過正常兒童之「會考」（Public examination），因此蒙特梭利自稱「這兩年的實際教學是我第一個真正的教育學位」。

由於蒙特梭利在智障兒童教育上的成就，使她確信這種方法也可適用於正常兒童，甚或可獲得更驚人的成果。一九○一年她離開了診所及啟智學校，再次努力研究伊塔與塞根的著作，並從頭到尾親自抄寫翻譯，以真確了解作者的真意。同時又再次回到羅馬大學研究哲學、實驗心理學及教育人類學，以尋求將智障兒童的教育方法應用於正常兒童的可能性。

一九○七年一月，蒙特梭利終於實現了長久以來為正常兒童工作的渴望，於羅馬桑羅倫多區（the Quarter of San Lorenzo）設立了第一所「兒童之家」（the Children's House, Casa dei Bambini），也是第一所「公寓中的學校」。其位在古羅馬城壁與近代墓地之間，是一個貧民窟，以貧窮、犯罪、污穢著

稱。提供給貧民租賃的公寓因為迭遭年幼兒童污損破壞，不動產協會的理事長想到一個巧妙的構想：將居住在公寓中三至七歲的幼兒集中在一大房間，由教師來指導他們遊戲與工作。蒙特梭利接受了聘請從事這所學校的組織工作，她一方面直接的擔負起教導貧民兒童的責任，一方面又設法勸導那些放棄教導兒童責任的父母與「兒童之家」一起教育孩子，使得這裡的兒童在一年之內就有了很大的轉變。受到師友們的敦促與鼓勵，蒙特梭利在一九〇九年出版了《應用於兒童之家的幼兒教育之科學教育學的教育方法》（The Method of Scientific Pedagogy Applied to the Education of Young Children in the Casa dei Bambini）一書，即後來英譯本改名的《蒙特梭利教學法》（The Montessori Method）。此書不久就被傳至各國，被翻譯成約二十二種不同的語言廣為流傳，羅馬貧民窟裡所發生的奇蹟立即被傳播到世界各個角落。

　　為了使人們能真正熟悉了解她的教學法，蒙特梭利開設了「國際訓練課程」（International Training Course），除了宣傳其體系與觀念之外，也親自以其方法訓練教師。六個月的訓練課程結束之後，學生必須完成「關於工作材料的書」並通過筆試與口試，才可取得「蒙特梭利文憑」。擁有此文憑的人經過兩年在蒙特梭利學校的實際工作後，才具有開辦蒙特梭利學校的資格。由於世界各地對蒙特梭利教育的重視，一九二九年「國際蒙特梭利學會」（AMI）成立，各國的分會直接受AMI的領導管理，蒙特梭利書籍的出版權、教育製作販賣權以及課程的編製等都需遵守AMI的一切規定。

⊖ 許興仁校長於蒙特梭利墓前獻花

　　自一九四九年以後，蒙特梭利一直居住在荷蘭的阿姆斯特丹「國際蒙特梭利學會」所在地，一九五二年五月六日因腦中風逝世於該國的努特維克（Noordwijk），葬於該地天主教堂的小墓地中，享年八十二歲。墓碑刻著：「我懇求所有親愛而充滿能力的兒童們與我聯合起來，共同建立人類世界的和平。」

　　蒙特梭利雖然發現了開啟人類發展之無限量創造性能力的鑰匙，但這些潛藏的能力中只有極少的部分成為真實；蒙特梭利法並非新的教育運動的結束，而是運動的開始。然而運動如果永遠只停留於第一次的發現，則將使更多的人對蒙特梭利法產生誤解與誤用。所以，蒙特梭利一方面訓練教師以宣傳其原

理與方法，另一方面又運用時間與稟賦從事更多的研究與寫作。其中幾本重要的著作分述於下：

㈠《應用於兒童之家的幼兒教育之科學教育學的教育方法》，1909。英譯本為《蒙特梭利法》（The Montessori Method, 1912）

　　這是蒙特梭利論述其教學法的第一本書，是她在羅馬桑羅倫多貧民窟的「兒童之家」實驗、觀察與研究所發現的結晶，是對蒙特梭利法最好而明確的敘述與說明。此書有二十二種語言的翻譯本，使蒙特梭利一夕成名，並對以後的教育方法有極大的影響。

㈡《蒙特梭利手冊》（Dr. Montessori's Own Handbook, 1914）

　　此書乃蒙特梭利法的精簡本，是幼兒發展的教具指南。這是蒙特梭利應美國成千上萬對其方法有興趣的教師、家長與教育治療家的請求，為使其幼兒教育的觀念與教學法能有簡要的指南可遵循而著作的手冊。它不僅成為教師教學重要的參考手冊，更是教師設計與製作教具的指引。

㈢《幼兒之秘》（The Secret of Childhood, 1933）

　　此書可說是《蒙特梭利法》的再解釋，是蒙特梭利在印度講述其教學法的翻譯筆錄，所以帶有濃厚的印度神秘主義色彩。

㈣《發現兒童》（The Discovery of the Child, 1948）

　　蒙特梭利相信幼兒內在具有看不見的潛能，正是使人類重生、使社會革新的力量。這本書是蒙特梭利揭開幼兒潛能的著作，可從其中清楚地把握蒙特梭利教育最根本、重要的概念，但具有很強烈的「神學」思想。

㈤《了解您的小孩》（What You Should Know About Your Child, 1948）

　　此書是蒙特梭利在印度的翻譯者以其著作及演講中的主要觀念為主軸，完全不加批判而編寫出來的一本書。是一本簡明、通俗的書，並非一篇科學的論文。

㈥《吸收性心智》（The Absorbent Mind, 1949）

　　此書是蒙特梭利論幼兒發展的最後一本書，她綜合論述有關兒童發展的心理學，再加上自己觀察所得，故在內容上具有統整性與綜合性。

㈦《幼兒與家庭》（The Child in the Family, 1956）

　　蒙特梭利在此書中說明其教學方法所隱含的共同原理、原則，與其教學法之所以能成功的原因，在內容方面與《幼兒之秘》有很多類似之處。可說是父母教養年幼子女的範本。

貳、教育理念

一、兒童觀

　　蒙特梭利的教育原理是以「兒童生命」為出發點,是關於「生命」的原理,很難簡要地歸納成幾個原理。蒙特梭利對兒童自發的外顯行為具有洞察其背後秘密的能力,她放棄一般成人對兒童所有的偏見,忠實地以科學方法來研究兒童,並堅稱她只是「發現了兒童」,所以從未曾建立一個屬於她的教育理論架構,以使後來的人容易遵循應用。

　　蒙特梭利對兒童的研究受到法布爾(Jean Henri Fabre, 1824~1915)的生物學方法所影響,以「自由」為科學教育學之基本原則,強調要為兒童預備一個適合的自然環境,並允許兒童自我表現其個別的本性。並且強調研究兒童的行為應專心於對自由兒童的觀察,她說:「觀察的目的是在發現兒童『生命的法則』,因為如果我們想要幫助兒童發展生命,我們就必須先明白統治兒童生命的法則。——只有當我們了

⊃ 人類和平希望——兒童
(荷蘭紀念蒙特梭利的小銅像)

解兒童之秘以後，才能真正地認識兒童、愛兒童並為兒童服務。」二十世紀是兒童的世紀，而使兒童權益達到最高峰的功臣是蒙特梭利。她說：「兒童是人類之父、文明之父，而且是現代人的導師。」「我們不能教導兒童，我們教育工作者所能做的，只是替兒童預備一個適當的工作環境及活動場所。」此外，她更強調「我們不應視兒童與成人只是個體生命的相繼階段，我們應視二者為人類生命的兩個不同形式，是同時進行且彼此相互影響的兩極」。這種嶄新的兒童觀乃是蒙特梭利教育的基本出發點。

二、工作哲學

　　蒙特梭利認為個體身心成熟的一連串繼續不斷的歷程是靠「工作」才得以完成，因此她的教育原理事實上就是以「工作」為核心所形成的教育體系。蒙特梭利對工作的觀點可彙整如下（許興仁，民72）：

(一)工作是人類的本能與人性的特徵

　　蒙特梭利說：「兒童的『工作慾』正象徵著一種『生命的本能』，因為不工作就無法形成其人格。人類透過工作來建構自己，任何東西都無法替代工作。」

(二)兒童與成人的工作性質不同

　　蒙特梭利說：「雖然兒童無法分享成人的工作，但他仍有其困難而重要的工作要做，即生產、製造一個『人』。……兒童的工作是一種『潛意識的工作』，在發展中由精神能力所產生。它是一種『創造性的工作』，……兒童之所以成為真實的

工作者，就是因為兒童並非只是透過休息與沉思來發展自己成為人，他們必須參與『主動性的工作』。兒童經由恆常的工作來創造自己，透過練習來成長，其建構性的努力形成一項真實的工作。」

(三)工作是開展人類自然稟賦的唯一路徑

蒙特梭利說：「兒童來自『無』，他沒有預定的運動能力，卻具有決定其發展的『潛能』——創造的可能性，可透過他在環境中的活動而使潛能得以開展。因此，兒童只有靠活動才能形成自己，使自己完美。」

(四)心智工作是幼兒活動的出發點

蒙特梭利說：「嬰兒活動的出發點是屬於心智而不是屬於動作的，人類發展重要的層面是心智的一面。因為人類的運動之所以有組織，完全依靠其心智生命的導引與指揮。智力就是人類異於動物之處，所以人首先必須建構其智力，其他一切事物則都賴智力而為。……在兒童的第一年，沒有比智力的成長更重要的了，而這種智力發展的優先權正是兒童能成為『人類之子』的主要特徵。」

(五)工作是四肢與語言發展敏感期的主要特徵

蒙特梭利強調「兒童不僅有強烈的慾望，而且有獨特運用物的潛能，如此完成其發展的任務。」「與人類智力密切相關的兩種身體運動是用來說話的『舌頭』與工作的『雙手』。」「人類以『手工』來建構自己，以雙手作為『人格的工具』以及『智力與意志的表現』，如此來控制自處的環境。」「學習走路對兒童而言是一個『第二次誕生』，它使兒童由無助而變

為活動體。……對兒童而言，走路是極重要且具有決定性的生理事件。」

(六)工作是人類精神、心智與人格發展正常化之路

　　蒙特梭利說：「從不活動到工作是『治療之路』，它也是正常兒童發展之路。……一旦兒童能工作，專心於對他有真正興趣之事物時，其偏態消失：由無秩序變為有秩序，由被動變為主動，由令人討厭、心煩的兒童變為教室裡的一種援助。……人類是智性的動物，其對心智食物的需求幾乎超過對身體食物的需求。因為人不像其他動物，人類必須建構自己的行為，如果能導引兒童走向組織其行為與建構其心智生命之路，則一切都將趨於正常。……兒童由於利用雙手對真實事物的工作，又伴以心智集中，故能使兒童由偏態而轉為常態。所以，『正常化』是矯正偏態的方式，……人類唯有透過工作才能正常化。」

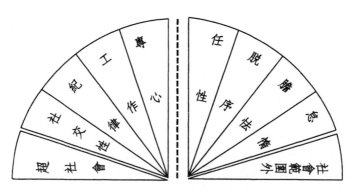

☉ 正常及偏態兒童性格特徵

（幼兒的心智·民78）

(七)預備的環境與工作材料是兒童工作的必備條件

　　唯有在成人或教師事先為兒童安排好的預備環境中活動，並有富教育意義的工作材料（教具）供給兒童工作，兒童才能與環境產生完美的交互作用，藉以練習其四肢與舌頭，以促進其精神、心智與人格的正常發展。

　　透過工作，蒙特梭利發現久不為世人所知的「幼兒之祕」。從「兒童之家」的觀察研究當中，蒙特梭利發現正常幼兒應具有下列的特徵：

1. 自發的心智集中
2. 重複練習
3. 自由選擇
4. 愛好秩序
5. 不喜歡玩玩具，喜歡工作甚於遊戲
6. 獎懲無用
7. 喜歡安靜，拒絕糖果
8. 有強烈的尊嚴感
9. 遵守紀律
10. 突發的書寫行為
11. 不用口的閱讀能力發展於書寫行為之後
12. 身心健康

三、工作的自然法則

　　既然蒙特梭利強調：唯有透過工作才能使兒童的發展正常化，那麼，怎樣的工作環境才是適當呢？一個適當的工作環境

應該會使兒童出現哪些自然的現象呢？蒙特梭利認為，在兒童工作時應注意以下幾點原則：

(一)秩序的原則

從嬰兒開始就可以發現到他對環境中的秩序性相當敏感，當物品、生活作息等出現秩序時，會表現出滿足與喜樂。當兒童第一次接觸一個新的環境時，就同時出現對物品秩序安排的敏感性以及對於相對位置的敏感性，所以在蒙特梭利的工作環境中，當兒童完成練習後會將物品歸回原位，這是兒童最有興趣與自發性的工作之一。秩序與精確是兒童人格心智方面的基本形成要素。

(二)獨立的原則

只有「獨立的人」才能透過自己的努力，完成其生命發展中所需的各種活動，並能自我控制，建構自己的各種能力而形成一個獨立的個體。所以，教師應幫助兒童學習在沒有援助時能自己走、跑、上下樓、將掉下的東西撿起來、自己穿脫衣鞋、能明白地表達自己的需求。在兒童的能力範圍內可以自己做到的事情，就不應該為他代勞；在必要時做些協助，以使他能自己完成生活中的大小需求，如此，兒童才能滿足他心底「請幫助我，讓我自己完成」的慾望。

(三)自由的原則

蒙特梭利相信，一個自由的人才能自我控制其心智，且在智能上獨立。相對地，一個缺乏自我控制力的人，實際上就是與現實脫離的人，因為他容易受機會與任性所控制，所以毫無自由可言。一個具有自由意志的個體，能夠思考，且能控制自

己的心智，因此，就教育意義而言，「自由」是具有堅強意志的意思，也就是能自律、自我控制、具有目標，並且在認知上能獨立。教育的主要任務就是教導兒童如何善用自己的心智，透過理性而使自由具有意義。

　　蒙特梭利強調自由與紀律猶如一體的兩面，紀律能使兒童自由地達成「主動自律」與「自治」，相對地，「缺乏紀律常導因於缺乏自由」。由於兒童必須透過工作才能使自己的發展正常化，我們就必須為他準備工作的環境與材料；而在活動中，成人的適當干涉必須是「間接的」，且應有助於其發展。當我們讓兒童自由獨立地工作時，是在給與智力的自由，而非本能的自由；當限制教具的使用方式時不是在束縛兒童，而是在幫助兒童「自由」的發展。因此我們可以了解，蒙特梭利所認為的自由是理性的結果，並非放任或為所欲為，而是由理性所導引、控制的，是有紀律的自由。

(四)專心的原則

　　「正常化是來自於對某件工作的專心」，當兒童能集中注意力時，他才能成為自己的主人以控制其內在世界，人格才得以形成。因此，兒童的注意力是一切相繼發展的基礎。為了激發兒童深刻的注意力，我們必須提供符合兒童興趣的活動，並盡力保持環境的安靜，以幫助兒童的內在建構。

(五)重複練習的原則

　　有了專心才能產生毅力，此種特性的開展才能使兒童重複練習。透過重複練習，兒童得到一般的基礎知識，得到精確性，進而也得到快樂與滿足。當兒童的需求獲得滿足時，他會

停止工作，這就是「工作週期」。經過不斷的重複練習，兒童得以養成獨立性，並能建構自己，使自己完美，如此才能得到個體整體的發展。

但並非任何的環境都可以讓兒童產生重複練習的現象。因為重複練習的產生發生於專心的現象之後，因此教師應：

1.供給一個預備的環境，讓兒童能自由選擇教具操作。

2.工作材料應具有意義性，並使兒童能了解教具的目的。

3.工作材料的刺激性要符合兒童內在的需求。

(六)智力的發展

蒙特梭利所謂的「智力」是具有分類、抽象與判斷的能力。由於智力是人類異於其他生物的特點，也是人類求生存的工具，所以教育的主要任務就是在形成智力的發展，而蒙氏教具的主要目的就是在幫助兒童能正確地使用其心智。

(七)社會行為的發展

蒙特梭利認為，社會行為的發展是指個體能獨立，並且能尊重與重視別人的獨立。所以，社會行為最基本的就是對權益與禮貌的尊重。兒童在團體中要學會尊重別人的「權益擁有權」，例如有人正在使用某種教具時，其他人想玩就要等待，而且教具是大家所擁有的，所以兒童不能將它私藏，或未經允許就擅自帶回家。在蒙特梭利學校中，兒童有權利使用教具，並自己控制使用教具的時間，但也必須遵守相關的規定。

(八) 道德行為的發展——順從力的發展

蒙特梭利說：「順從是人類生命的自然現象，是正常人類的特徵。在我們的兒童中可視順從的發展為一種開展，因為順

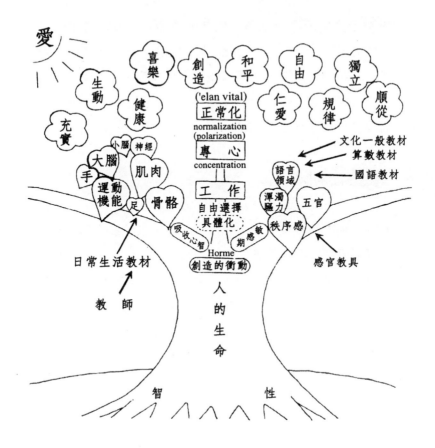

蒙特梭利教育結構（許興仁・民 72）

從在人類長期成熟歷程的最後階段將會自發而無預期地顯示出來。」

(九) 創造力的發展

　　蒙特梭利認為創造力的起點是智力或理性。創造性想像力是以「真理」（truth）為基礎，是對現實的一種運思。因為心

智如果脫離真理而運思創造，則其創造的是一個非真實的世界，將徒勞無功。所以，創造是心智的結果，而且是源自於對現實環境的觀察，創造力需要以感官及智性教育作基礎。因此我們應為兒童預備一個環境，使兒童能在環境中作正確的觀察，而能獲得其想像力所需的材料。

參、蒙特梭利法

蒙特梭利的整個教學法以兒童為中心，以兒童的選擇做為教學的導引原則，而圍繞著兒童的特殊環境需具有三個條件：適當的環境、謙卑的教師與適合兒童需求的教具材料。也就是說，蒙特梭利法可劃分為三個要素：預備的環境、教師（指導員）與教具（工作材料），她並曾將其中預備的環境比喻為人體中的「頭」，教師為「胸」，教具則有如「腹」，三者看似分立，事實上卻連成一氣，彼此相輔相成。

一、預備的環境

蒙特梭利法與傳統教學法最大的不同就在於：傳統教學法中只有兩個要素—— 教師與兒童，而蒙特梭利法則多了一個「新的第三要素」—— 環境。教師不僅要照顧兒童，也要預備環境；相對的，兒童不僅向教師學習，也從與環境的互動中學習，如此，兒童的「吸收性心智」與「預備的環境」就發生了交互作用的功能。兒童由於與環境的接觸，再加上從事發展所需的努力，便能導致自身人格上的統整。

「兒童之家」就是一個為兒童預備好的環境，其特徵是「適合兒童」而不是適合成人。它是以培養幼兒身心均衡發展的人格為目的，以地理及文化的條件為基礎，特別為二歲到六歲的兒童所設置的教育環境。裡面含有一個家庭所需的設備——輕巧而讓兒童易於搬動的桌椅、放置個人衣物的小櫥櫃或架子、適合幼兒身高的洗手台及馬桶，工作室中有放置屬於兒童共同財產之教具的長櫃、有矮黑板供兒童寫字或畫圖。這是個適合兒童工作以形成其人格的環境，也是保護兒童免於挫折與危險障礙的環境。

　　蒙特梭利是一位格外重視環境的教育家，她將「預備環境」的工作視為教師的首要任務。而「兒童之家」的預備環境是由：㈠物的環境條件；㈡人的環境條件；㈢與教育內容有關的環境條件三方面所組合成的。茲分述如下：

㈠物的環境條件

　1.身體上的平衡

　　適合幼兒身材的用具。

　　幼兒能搬動的東西。

　2.精神的平衡

　　動作粗野或操作上的錯誤，幼兒自己會發覺。

　　不細心操作就會損壞的東西。

　3.具吸引力

　　幼兒會不知不覺地想伸手去接近的東西。

　　幼兒會感到舒適的東西。

　4.清潔衛生

使幼兒覺得有責任維護清潔的東西。

容易擦拭、洗滌的東西。

5. 日常生活的材料

日常生活中實際使用的東西。

6. 具民族性

符合地區性生活條件的東西。

發揚地區特殊性的東西。

7. 與大自然有關

能夠了解自然法則的東西。

有機會能培養愛護自然的情意的東西。

(二)人的環境條件

將二歲半至六歲的男女幼童混齡編組，能達到下列目的：

1. 幼兒之間能互相規範、互相學習。

2. 年長的幼兒能幫助年幼的幼兒。

3. 養成年長幼兒的責任感。

4. 培養互助合作的精神。

5. 尊重每個幼兒的能力與自發性。

(三)與教育內容有關的環境條件

1. 能反覆工作的環境。

2. 能自我發現、訂正錯誤的環境。

3. 能自由選擇目的物的環境。

4. 能自己進行活動的環境。

5. 可以要求分解操作活動的環境。

6. 可以要求肅靜的環境。

7.能夠進行日常生活練習的環境。

8.能夠進行感官練習的環境。

9.以感官練習為基礎，能夠吸收語言、算數及各種文化知識的環境。

10.能夠實施健康管理及進行體育活動的環境。

11.能接受藝術、宗教方面高層次刺激的環境。

12.能與自然接觸，並能意識到自然法則的環境。

🔁 蒙特梭利的教育環境（許興仁，民72）

綜合而論，蒙特梭利認為一個預備好的教育環境應該具備六個主要的構成因素：

㈠自由與紀律

只有在自由的氣氛中，兒童才能將自我顯現出來，因為兒

童的發展不是靠外在的力量，而是由內在的導引本能所引發的。但自由並非放縱，自由應以不違反共同的利益為原則。因此，必須制止兒童做出觸犯他人或騷擾他人的行為，甚至任何粗暴而顯示不良教養的行為都要受到制止。

(二)結構與秩序

當兒童需要某些物品時，都可以利用各種工作材料完成一系列的活動。他可以找到所有他所選擇練習的必需品，且每一件物品都完好無缺，沒有任何的破損或遺失。在兒童工作時，也不允許任何人去干擾或妨礙。

(三)真實與自然

活動室中的各種設備應該安排讓兒童更能與現實密切接觸，不僅使用的設備是真實的，而且不可以因設計的不明顯而使兒童容易犯錯。此外，要讓兒童藉著與自然的接觸來認識與賞識自然的秩序、和諧與美；兒童如果能了解自然法則，就更能理解與分享文明所創造的卓越事物。

(四)美與氣氛

真正的美是以簡潔為基礎，所以活動室中的佈置無須太過於精巧，但每一物件的陳列必須既謹慎又能引人注意。佈置的顏色要明朗、愉快，還要有整體調和感。活動室的氣氛必須溫暖而輕鬆，引誘兒童樂於參與其中。

(五)兒童的工作材料

若教師想利用蒙特梭利教具當然很好，若不用蒙特梭利教具，也可以利用所能取得的教具材料來設計符合蒙特梭利設計教具的標準或原理的工作材料，或以更便宜的材料來自行設計

製作教具。

(六)社會生活的發展

在蒙特梭利教室環境中能使兒童對整個環境發展出所有權和責任感。兒童要自己負責維持每日的環境秩序及整理，並能自發地發展出對別人的關懷及幫助別人的意願。

二、教師——指導員

蒙特梭利稱為「指導員」的教師，並不以「教」為主要工作，而是以「幫助兒童生命的成長」為最重要的使命。教師需具備七種角色，依照其重要性順序如下：

(一)精神預備的新教師

蒙特梭利認為「精神預備」對教師而言是最基本但卻最困難的工作，通常必須先經歷一種以改變價值觀念為基礎的精神體驗才能達到這個地步。這種非常特別的體驗即以類似宗教上所謂的「悔改」為本質。蒙氏說：「如果一個人想要成為我們體系的教師，則他必須自我檢討以除去其獨裁觀念。他必須除去驕傲與憤怒之心，學習如何謙卑與穿戴仁愛的衣裳，這是他必須習得的美德，這種內在預備可給與他精神上所需的平衡與寧靜。」

(二)觀察者

蒙特梭利教師必須是一位觀察者，因為觀察是了解兒童的首要途徑，知道「如何觀察」乃是教師一定要具備的能力。在觀察時，要先去除原有的成見，以尊重的態度等待著分享兒童快樂與困難的經驗；對於兒童緩慢的進步應有耐心，對兒童的

成功應顯示熱誠與高興。

(三)兒童的解釋者

　　為了要幫助兒童生命的發展，教師必須確實地了解兒童的內在需求，並設法適應其需求，這樣，當兒童需要幫助時，才會主動跑來找你。兒童的解釋者可以幫助他們被這個世界所了解，可以給他們最親密而必要的援助，所以，兒童會充滿信心地尋求解釋者給與必須的援助。

(四)環境的預備者與保護者

　　教師必須為兒童預備一個可滋養兒童正常發展與建構其生命的環境，使環境充滿舒適與和平，保持清潔與秩序，令人覺得明亮、愉快而有趣。同時，教師還要像個守護神，保護兒童內在生命的聖火。當兒童專心於其工作時，要防止別人的干擾或打斷，以免中斷其工作週期或阻礙其自然的開展。

(五)兒童的示範者

　　由於兒童是個吸收者與模仿者，教師任何的言行舉止都可能無意識地影響兒童的發展，所以，教師在儀容上應保持整潔、寧靜而且具有尊嚴，在風度上要表現自然、大方與文雅，這樣，就能流露出自然的吸引力，令人喜愛。教師是兒童的世界中極重要的部分，教師的儀容是獲得兒童信心與尊敬的第一步。

(六)學校與家庭、社區之聯絡者與溝通者

　　家庭與社區都是兒童的社會環境，因此教師須時常與家長聯絡，並讓父母與社區都能了解蒙特梭利的教育觀念，如此，才能裨益兒童在身體與精神上的發展。當時在蒙特梭利的「兒

童之家」就對家長有兩項規定：必須將小孩梳洗乾淨後再送來「兒童之家」；必須與從事教育工作的指導員合作——母親每星期至少到校一次，與指導員商討、了解孩子的情形，並接受指導員在兒童的健康與教育上所給與的有利勸告。

㈦個別課程的指導員

教師當然也要介紹課程或是指示兒童對工作材料的正確使用方法，但蒙特梭利提出了扼要的指導法，就是簡潔、簡易（單純）與客觀的科學方法。在說話中要小心地刪掉沒有用的字，所選擇的用字必須是最簡單、可發現的字，而且符合事實。在以這種簡單扼要的課程說明物品的性質與使用方法之後，如果兒童仍然無法了解，就要注意兩件事：勿堅持重複此課程和勿使兒童感到已犯錯。

⮕ 教師——指導員

為了實現蒙特梭利教育的真正精神，教師必須遵守十項原則：

㈠在沒有獲得孩子接納之前，絕不要任意觸摸他。

㈡絕不在孩子的面前或背後刻意批評他。

㈢誠心地輔導孩子發揮他的長處，使他的缺點自然而然地減至最低。

㈣積極地準備一個良好的環境，並持之以恆地管理維護。幫助孩子與環境建立相輔相成的關係。指引每一件用品的正確位置，並示範正確的使用方法。

㈤隨時協助解決孩子的需求，並傾聽、回答孩子的問題。

㈥尊重孩子，讓他能在當時或在其後發現錯誤而自行訂正；然而孩子有損害環境、傷害自己或他人的行為時，則必須立刻予以制止。

㈦孩子在休息、觀看他人工作，回想自己的工作或考慮作任何選擇時，都要尊重他。不要打擾他，或勉強他做任何活動。

㈧ 協助孩子選擇合適的工作項目。

㈨ 要不厭其煩地為孩子示範他先前不願意做的工作，幫助他克服困難，學習未臻熟練的技能。為了達此目的，必須準備一個生動活潑、充滿關愛、有明確規律的環境，配合以溫馨和藹的語氣和態度，使孩子時時感到支持與鼓勵。

㈩以最和善的態度對待孩子，並將你最好的一面自然地呈現出來。

三、教具

　　蒙特梭利教具是「兒童工作的材料」，其主要目的不是在學習任何技巧或知識，而是在幫助兒童內在的自我建構與心智發展。藉由教具能喚起兒童的注意力，使其內在產生一種專心的歷程。也就是說，當兒童自由選擇適合自己的教具時，他會專心去操作，在重複練習之後完成其所需的工作週期，如此而得以形成其人格。所以，蒙特梭利曾將教具形容成一個「鉤」，一個不可見的、心智的鉤，它成為兒童內在發展歷程的鏈環，默默地連結兒童每個階段的發展，為兒童做好未來發展的一切準備工作。

　　蒙特梭利教育的內容，為達成教育的目標大致分為下列五個課程：日常生活練習、感官教育、數學教育、語言教育及文化教育。而蒙特梭利教具一般可分為四大類：日常生活練習教具、感官教具、學術性（含讀、寫、算的預備）教具與文化、藝術性的教具。教具內容不勝枚舉，共有二、三百種以上，以下僅列出其中數項名稱以供參考：

(一)日常生活練習教具

　　又稱為「肌肉教育」或「動作教育」的教具。可分為四大類：

1. 基本運動：包括整個身體的活動，是其他三個活動的基礎。例如：走路、站、坐、搬、摺、倒、縫、切等。
2. 社會行為：幼兒學習待人接物所應有的禮儀，幾乎不需要練習用具，而且進行的方法隨各地風俗而有明顯的差異。

例如：打招呼、致謝、道歉、觀察的方法，應答的方法、物品的收受、用餐的禮節、戶外器具的使用方法等等。

3. 對自己的照顧：學習生活的基本技能，以培養自立精神。例如：衣鞋的穿脫、東西的拿法、刷牙的方法、洗手、洗臉、衣飾框等等。

4. 對環境的關心：培養幼兒在團體生活中的責任感。對象是人類以外的生物、無生物，作美化環境、整理打掃環境、照顧、飼養及管理動植物等事情。

(二)感官教具

日常生活練習可以使幼兒養成獨立自主的能力，並能根據自己的意志進行自發性的活動，而後，就要進行感官教育。因為概念的形成過程都是以感官為媒介，所以感官教育也是數學、語文、文化活動的基礎。蒙特梭利的感官教具主要是由下列十六種所構成：

1. 視覺教具：粉紅塔、棕色梯、長棒、圓柱體組、色板、幾何圖形拼圖櫥（嵌板）、幾何學立體組、三角形組合、彩色圓柱體組（紅、藍、黃、綠四色）

2. 觸覺教具：觸覺板、溫覺板、重量板、實體認識袋

3. 聽覺教具：聽覺筒

4. 嗅覺教具：嗅筒

5. 味覺教具：味覺瓶

感官教具所具備的基本構造要素有三：配對（Pairing，同一性的認知）、分類（Sorting，對比性的認知）以及序列（Grading，類似性的辨別），這三個要素是使概念明確化的

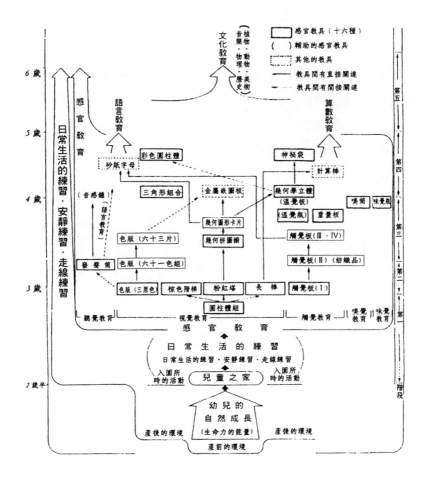

⟳ 以感官教具為中心的教具系統圖

（許興仁·民72）

媒介，並能促進智能發展的邏輯思考能力。這也是蒙特梭利所
強調的教育目標之一。

(三)學術性教具

　1.算數教具：砂紙製數字板、挖剪數字與籌碼、數棒、紡錘
　　棒箱、串珠鏈、塞根板。

　2.讀、寫預備的教具：砂紙製文字卡片、金屬嵌圖板。

(四)文化、藝術性教具

　1.音樂：音感鐘等

　2.地理：地球儀、世界地圖拼圖等

　3.植物：植物卡等

　4.其他

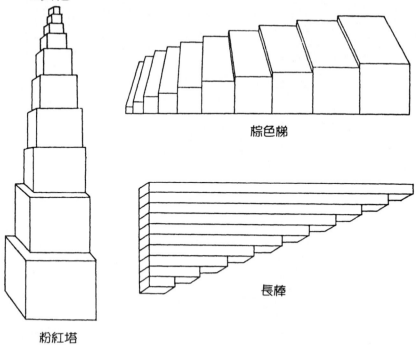

棕色梯

長棒

粉紅塔

蒙特梭利教具的原則或特色有下列五項：

(一)感官孤立性

　　為了使兒童能專心於刺激物的某個特殊屬性，感官孤立能將這一個屬性突顯出來，使兒童更容易集中注意力。如：粉紅塔除了大小的不同之外，十個立方體的顏色、形狀都一樣；棕色梯除了厚薄之外，其他的屬性均統一。

(二)由簡單到複雜

　　例如感官教具的原則是由「相同性」的辨認→「對比」的辨認→「相似性」的辨認，由配對→分類→序列，就是由簡單到複雜的特性。如色板，先是相同顏色的配對，而後紅、藍、黃三色辨認，最後就是九色七種深淺的等級排列，幾何圖形的學習也是先從相同物的配對開始，然後學習圓形、方形、三角形三種基本的圖形，最後才到各種大小及不同角度的圖形分類序列。

(三)由具體到抽象

　　在學習幾何圖形時，兒童先觸摸拼圖木框內的輪廓而得知圖的形狀，然後應用圖形卡片辨認，卡片也分三種層次：首先是用藍色的紙剪成填滿的幾何圖形貼在白色卡片上，再來卡片上貼的是藍紙剪成幾何圖形的輪廓，最後則是直接用墨水畫的圖形輪廓。

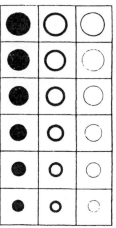

⇨ 由具體到抽象

(四)自動教育性

　　為了提供兒童運用自己努力來自我教育的機會，使兒童在工作中能透過自我矯正維持自信與興趣，蒙特梭利教具的設計需有「控制錯誤」的特性。如粉紅塔在辨認大小時，可用最小單位的立方體來測量每一塊立方體的差距；而圓柱體組在任何一個洞有放置錯誤的情形時，必然會留下最後一個圓柱體無法放入洞中。透過自我矯正錯誤，兒童訓練自己的觀察力，在比較當中形成判斷、推理與做決定，並能不斷地重複練習。

(五)間接預備性

　　蒙特梭利法中的讀、寫、算能力不是直接教授的，而是一切的預備能力都練習足夠以後的自然現象。例如並未教兒童直接拿筆寫字，先讓兒童的手能正確、精確地觸摸幾何圖形的邊與角之後，自然就能真正遵循幾何圖形的輪廓而重複練習，並協調出正確描畫形狀所需的運動，這是畫圖所需的能力預備。而在操作圓柱體組或幾何嵌圖板時，必須以三指抓握教具，這就是握筆的能力預備。當兒童透過教具操作而能區別相同性、相異性、對比性與細微的等級性，並依據質與量的概念分類，一旦兒童的心智與手都預備妥當之後，則閱讀、書寫、算數的能力就有如這些預備工作一般地簡單與自然。

四、時間——蒙特梭利法的第四度空間

　　在蒙特梭利法的三個要素之外，蒙特梭利特別強調教師應給與兒童時間。因為兒童有其獨特的發展速度與節奏，所以成人應以耐心、接納與愛來等待兒童依照其所需的時間工作。給

與兒童時間的方式有：㈠允許兒童依照其所需的時間、速度與節奏工作。㈡多注意與關心兒童的活動。蒙特梭利提醒教師，成人所缺乏的不是時間，而是缺乏耐心——允許兒童依照其所需的時間工作的謙卑美德。

肆、蒙特梭利教育的特點

史但丁在《蒙特梭利教育革命》一書中，曾經指出蒙特梭利教育的十二個特點：

㈠是福祿貝爾之後最偉大的教育天才，多年來並以耐心繼續不斷地觀察與發現兒童的本質。

㈡其應用價值已獲得普遍的證實，因為幾乎在每個文明國家所做的試驗都獲致完全的成功。不論種族、膚色、氣候、國籍、社會階層或文明型態，均同樣獲得成功的應用。

㈢它告訴我們幼兒也能愛好智性工作，且能自發地選擇並快樂地工作。

㈣以兒童「做中學」的需求為基礎，在兒童心智成長的每個階段，設計了發展心能的作業。

㈤雖然它給與兒童最大量的自發性，但卻能使兒童達到與傳統教育體系一樣水準，甚至較高水準的學業成就。

㈥雖然它廢除了獎懲制度，卻獲得比以前更高的紀律——自律。

㈦它尊重兒童的人格而排除成人過分的影響力，使兒童得以在獨立的情況下自由成長。這種自由（不是放縱）才是形成真

正紀律的基礎。

(八)它使教師在每個科目上能依照兒童的個別需求予以個別的輔導。

(九)每個兒童都能依照自己的速度工作，所以速度快的兒童不致為速度慢的兒童所阻礙或牽制，速度慢的兒童也不致為了拼命趕上而被迫在深淵中無望地掙扎。在這種情況下，當新思想尚未進入心智以前，心智構思的基礎已一個個真實而穩固地建立了。

(十)它廢除競爭制度及因此而引起的不良影響。相反的，它給與兒童很多互助的機會，使兒童快樂地援助別人，也能感激別人的援助。

(十一)因為兒童是依照自由選擇而工作，無競爭也無強迫，所以沒有過度緊張的危險與自卑感，也不致形成日後的心理困擾。

(十二)它發展兒童的「全人格」。並非單獨培養兒童的認知能力，也鼓勵其能經由深思熟慮而產生獨立的判斷能力與健全的表達情感的能力。身為真實社會的自由人，兒童便需接受基本的社會特質訓練以成為好公民。

第六節　杜威
進步主義教育的開創者

壹、生平簡述

　　杜威（John Dewey, 1859~1952），美國人。從小的家庭環境就健全和樂，養成了他的責任感與堅強意志。一八七六年畢業於離家不遠的維蒙特州立大學。在大學時，杜威就較偏愛思想性的學科，他一直都愛好閱讀，從來都是手不釋卷。在大學三年級時，他就涉獵過英國生物學家赫胥黎（T. H. Huxley, 1825~1895）的生理學教本，啟示了經驗與環境、成長與歷程的觀點。一八八四年獲得哲學博士學位，爾後歷任數所大學的哲學系教師與主任，一八九四年在芝加哥大學擔任哲學系主任，並於一八九六年創立了名聞遐邇的第一所實驗小學，開創了所謂「進步主義教育」（Progressive education）的先河。在這所實驗小學中，廢除了傳統性的課程，採用生活經驗的教材，課程的內容都具體地與兒童生活直接相關，企求從經驗中讓學生吸取知識，兒童的學習不再是為了外在的目的，而是為了個人經驗的擴大。後來「兒童中心」（Child-Centered）的學校就是源始於杜威及其夫人所辦的這所實驗小學。一九〇二年任芝加哥教育學院首任院長，一九〇四年後一直都在哥倫比

亞大學任教。哥倫比亞大學是當時外國學生留學的中心之一，杜威在此春風化雨二十餘年，名望逐漸興起，遂成為國際哲學家們所傾慕的對象。

杜威在哥倫比亞大學任教期間，經由胡適、蔣夢麟等人的邀約，曾數次到中國考察教育，並在十一省演講其教育學說，民本主義的教育哲學因而逐漸在中國播種。此外，英國、蘇俄也曾受到其學說的影響；至於對美國的影響自然更大，當時美國教育界幾乎沒有人不奉他的學說為圭臬，所以有「教師中的教師」（The Teacher of Teachers）之美譽。

杜威一生之中，多半孜孜於治學。由於訥於言，而使文字表達上顯得艱澀不易了解，因為文字的阻礙而使人有不易登堂入室之感。杜威是一位好學不倦的學者，著作甚為豐富，加以曾至各國講學，故能觸動教育思想的變革。其著作中已有中文譯本者列述如下：

㈠《學校與社會》（The School and Society, 1899）

㈡《兒童與課程》（The Child and the Curriculum, 1902）

㈢《思維術》（How We Think, 1910）

㈣《明日的學校》（School of Tomorrow, 1910）

㈤《民本主義與教育》（Democracy and Education, 1916）

㈥《經驗與教育》（Experience and Education, 1938）

貳、教育理念

杜威認為傳統的教育是從外加諸於兒童，是將成人的標

準加在成長較晚而較不成熟的個人身上。這種教育是外鑠的、被動的，沒有心理學的基礎。而杜威卻主張「唯一真實的教育，乃是來自於經由兒童所處的社會環境，給與兒童能力上的激勵」，學校生活應與兒童實際生活打成一片，使學校成為兒童生活的地方，而不是與生活知能無關的地方；同時提倡「從做中學」，以兒童實際經驗為起點，使教材成為順應行動需要的工具，再以實際行動完成認知的過程；因此，兒童經驗的成長與發展是無法與社會環境脫節的。概括地說，杜威所認為教育的本質，就是在民主政治社會中，能使個人充分地從相互交往中獲得經驗的再造與生長的一種過程。所以，教育的本質有三，簡述於下：

一、教育即生活

為了使自己及種族能夠繼續不斷地生存，生活就必須不斷自新與重新適應，以使周遭的一切能成為自己生存的手段。因此，生活就是一種自新的歷程；教育乃是使社會的生活繼續不斷的方法，所以，教育也是一種繼續不斷自新的歷程，它與人類的生活相始終。

二、教育即生長

生長不僅是成熟，而且是習慣的養成與適應方法的進步。兒童具有積極地向前發展的能力，所以需要繼續的生長；更因幼兒具有可塑性與依賴性，所以生長才有可能。教育就是在幫助人類生命趨向完善的發展。

三、教育即經驗的改造

　　充分利用目前的經驗就是在為未來作準備，而經驗唯有透過彼此的交互作用才是有益的經驗。所以，教育就是經驗繼續不斷的改造或重組，它能使經驗的意義豐富，使駕馭未來經驗的能力增加。

　　以上三者說明了個體是在一個發展的歷程中，個體的發展就是他自身的目的，因此教育的目的乃在發展兒童，而不是學科的及格；在啟發兒童，使能解決困難並適應新的環境；在培養兒童服務社會與增進人群的幸福。

　　杜威的教育思想對幼教發展有相當大的貢獻，他成功地凝聚美國幼兒教育及兒童心理發展兩方面的學術成就，並將之發展成為幼教活動的三大教學指南，影響了幼教課程的規劃。這三大教學指南包括：

(一)遊戲的應用

　　杜威強調讓兒童從真實的生活中，應用自己的想像力及內在的學習動機，經由遊戲的學習過程將自己帶進一個較高的認知領域，同時也從遊戲中學會解決問題的技巧。所以，教師不應主導兒童遊戲，只可提供意見給與兒童一個探索學習的方向。

(二)方案學習（Project Method）

　　兒童可依據自己的興趣和志同道合的同伴訂定主題共同研究，教師再依據兒童的能力從旁指導。透過方案研究可以幫助兒童獲得真實的知識並增進社會群性。

(三)契約計畫（Contract Plan）

　　教師尊重兒童的能力與興趣，由師生共同擬定規劃出學習的課程內容及進度表。在學習過程中，教師必須與兒童建立良好的合作關係，並隨時提供必要的諮詢幫助。

　　此外，杜威提出「問題教學法」以幫助兒童從生活裡發現問題並尋求解決的方法，應用此教學法的教師應多設計能顧及兒童興趣的情境，以刺激兒童產生問題意識，鼓勵兒童將解決問題的假設方案加以實驗，並注意以團體活動彌補個人思考的不足。為了使課程及教材能源自兒童的需求，引發兒童內在的動機與真正的學習興趣，教師更必須使學習的教材融進兒童的經驗當中，並使課程適應現代生活的需要。

　　杜威一生從事於教學及著作，並熱中於鼓吹教育之社會改造機能。杜威強調教育的社會價值，可以說是他在教育思想史上最偉大的貢獻之一，他不僅是二十世紀中的一位哲學家、教育家、心理學家，在美國更是一位積極推動社會改革、倡言民主政治理想以及致力於民主主義教育思想的實踐者。其思想不僅形成美國實驗主義哲學體系，同時也間接影響進步主義教育的理論與實施。在美國之外，中國以及英、法、德、土耳其等其他國家的教育觀念與制度、教學方法、課程編制等都受到他的影響而有所改革。英國納恩教授曾說：「對我們這一代的教師們，思想的開展、知識態度的革新，受杜威的影響很大。」

第七節　皮亞傑

認知發展學巨擘

壹、生平簡述

皮亞傑（Jean Piaget, 1896
~1980）是瑞士人。父親是歷
史學家，母親是位具有智慧與
敬虔宗教信仰的人。皮亞傑小
時候嚴肅拘謹，對研究自然界
有濃厚興趣，喜歡觀察魚類、
鳥類等動物的習性。十一歲時
在公園觀察一隻有部分羽毛變
白的麻雀，並在博物雜誌發表
其觀察研究的成果，不久就獲
得當地博物館館長的邀請而協
助分類館內的動物資料，這工作更使他獲得許多在動物方面的
知識。在十五歲到十八歲之間連續發表一系列有關貝殼類的文
章，更由於其中一篇十五歲時寫的論文，而使他成為日內瓦博
物館軟體動物標本部主任。

由於對法國思想家柏格森（Henry Bergson, 1859-1941）所

提出的「創造演化論」（creative evolution）的認同，皮亞傑認為若能對生物有根本的了解，便能進而認識整個宇宙，因此對「發生學的知識論」（Genetic Epistemology）特別感興趣。年輕時代的皮亞傑專注於生物學與認識論的研究，前者關於生命，後者則關於知識。他想知道「什麼是知識？」「知識是如何獲得的？」「人能對外界現實有客觀的了解嗎？或人的知識會受內在因素影響而扭曲嗎？」一九一八年，僅廿一歲的他在獲得自然科學博士的榮銜之後，決定探討心理學。一九二〇年他接受巴黎比奈（Alfred Binet, 1857~1911）實驗室（智力測驗史上著名的比西量表由此提出）的職位，從事修訂智力測驗的工作。在這段工作期間，他出版了許多有關兒童心理研究的報告，並有幾項重要的發現：

㈠年幼兒童與年長兒童在思考本質上有所不同，年長兒童並不比年幼者來得聰明。要了解智能就必須發現不同年齡兒童所用的不同思考方法。

㈡以刻板的標準測驗方法來研究智能太缺乏彈性，萬一兒童不能了解問題的意思，就無法得到所要的資料。皮亞傑使兒童有自由發揮思考的機會，不被侷限於一些既定的問題範圍，並且在施測時不僅以語文向兒童發問，也要他們操作某些材料。

㈢十一歲以下的兒童不能完成某些基本邏輯運思。

皮亞傑相信，唯有研究兒童時期知識的形成及發展，才能充分了解有關人類知識的問題。所以在利用數年時間做兒童智能的實驗研究之後，就把這些心理學上的發現應用到認識論的

理論問題上。一九二〇至一九三〇年間其二女一子相繼出世，皮亞傑與妻子更將觀察三個子女行為的研究結果陸續發表成書。他相信兒童與成人的智能不是量的不同，而是思考本質上的不同，兒童對事物的認知與思考方式與成人不同。並且強調兒童的思考不是起源於語言，而是源出於兒童的行動。

一九二九年國際蒙特梭利學會（AMI）成立時，皮亞傑也是發起人之一，並於一九三〇年代擔任瑞士蒙特梭利學會的會長，對推廣蒙特梭利教育方法不遺餘力。皮亞傑大加利用蒙特梭利對幼兒的發現，導致他的研究形成了認知發展理論的結果。皮亞傑超越了蒙特梭利，發展出自己的路線，終於為發展心理學科學體系提供了極為重要的貢獻。一九三三年擔任盧梭教育科學研究院主任，後又兼國際教育局主任，從經驗中不斷修正他的思想，也不斷從教學中開啟他研究與實驗的新領域。

皮亞傑被心理學界推崇為研究生涯最長的學者，自一九二〇年代至一九八〇年臨終前，從未中斷其研究工作，而其涉獵的領域極為廣泛，對生物學、邏輯學、數學、哲學、社會學、心理學和教育學等都有莫大貢獻，此外更曾用心了解心理治療及宗教。皮亞傑是個天才型的學者，生活規律、用功甚勤、寫作不斷。頭戴一頂扁圓帽，口銜一根大煙斗，是日內瓦街上大家所熟悉的面孔，也是瑞士及世界各國所崇敬的學術界泰斗。在許多方面，他是一個先驅者，雖然有人與他觀點不同，但他以超越半世紀之生涯，始終努力不懈地從事認知發展的各項研究工作，已獲得世人最深的尊崇。

皮亞傑逝世於一九八〇年，享年八十四。他的研究範圍大

略可分為四大主題：智力結構、基本科學概念的發展、知覺論與認識發展論。茲列舉其在世最後十年所出版的部分著作於下：

㈠《發生認識論的原理》（The Principle of Genetic Epistemology, 1970）

㈡《心理學與認識論》（Psychology and Epistemology, 1970）

㈢《科學的教育與兒童心理學》（Science of Education and the Psychology of the Child, 1935/1969）

㈣《理解即是發明——教育的前途》（To Understand Is to Invent-The Future of Education, 1948/1971）

㈤《兒童與本體——發生心理學諸問題》（The Child and Reality - Problems of Genetic Psychology, 1972）

㈥《兒童的物理世界》（Physical World of the Child, 1972）

㈦《兒童發展心理學的未來》（The Future of Developmental Child Psychology, 1974）

㈧《統合—調整，認知變化中的平衡與干涉》（Coordination - Integration, Equilibration and Intervention for Cognitive Change, 1976）

㈨《行為與進化》（Behavior and Evolution, 1976）

　　皮亞傑在著作中一再強調邏輯思考，他認為邏輯是整合認知發展的結構工作，所以他所發表的論文幾乎都與邏輯有關。皮亞傑的著作汗牛充棟，而其中蘊含艱難的邏輯觀念更常使人知難而退。然而他所研究的成果的確蘊藏了許多珍貴的資料，也使得對兒童認知發展的研究相繼蓬勃且成果豐碩。

貳、發生認識論

　　皮亞傑終生致力於如何將有關知識之抽象問題與相當實際之生物學連結。故他以哲學觀點提出問題，以科學實事求是方法及科技統整之內容尋求解答，終於創立其「發生認識論」。

一、基本概念

　　皮亞傑認知發展的理論架構是建立在幾個關鍵性的概念基礎之上，以下先做說明：

㈠認知結構的基本單位 —— 基模（schemes）

　　是個體與周圍環境接觸時，為求了解或認知事物的性質，所產生的一種基本行為模式。基模可以從外顯的身體動作表現出來，也可以內蘊為認知架構。例如，抓握與吸吮是嬰兒了解周遭世界的一種方法，也可說是其求知的方法，因此抓握基模與吸吮基模也就是人類最基本的行為模式。隨著個體的發展，基模不斷隨環境中的事物變化而益加複雜化，而且也隨著個體的心理發展而更為

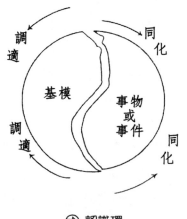

調適／同化／基模／事物或事件／調適／同化

🔁 認識環

（許興仁·民72）

內在化。例如當幼兒漸漸年長時，因為已能使用語言來表達較為抽象的概念，所以就不一定需要依賴具體的外顯行為或線索來了解所有事物。基模的複雜化、精密化、內在化就是代表個體認知能力的發展，也是代表個體概念的發展。

(二)認知的功能——組織（organization）與適應（adaptation）

二者同屬在成為較高層次的基模時的兩項互補歷程，組織代表內在的心理歷程，適應則是外在的行動；而適應又包含同化與調適兩個歷程。

1. 同化（assimilation）：乃是個體以其既有的基模或認知結構去選擇、辨識或解釋環境中的事物，並融於個體原有的認知結構或經驗中。所以，同化是擴大認知結構的過程，並不會導致基模的改變或發展；如欲改變或促進基模的發展，必須借助「調適」的歷程。

2. 調適（accommodation）：當個體遇到新情境時，其原有的基模組織無法適合新事物的特徵，或是個體原有的認知結構無法同化新經驗時，就必須改變其既有的基模以符合新的要求，並藉以獲得平衡。這就是「調適」，也就是新基模的創造或舊基模的修改與擴大。

同化與調適是個體在適應過程中相輔相成的兩個不可或缺的要素，當個體接觸新事物時，如無法以既有的基模去認知，就必須先調適，創造能容納新事物的基模，然後再進行新的同化。所以，同化的功能在說明認知發展中「量」的改變，而調適則是用以說明「質」的改變，此二者是繼續不斷的交互歷程。

(三)平衡（equilibration）

當個體為了了解環境中的各種事物而不斷地同化與重組時，基模就在不斷地精鍊、複雜化、內在化與抽象化，使智力能夠維持自我統整之平衡狀態。一旦新的問題情境出現時，平衡的狀態就被破壞，必須再藉著活動來補償所失去的平衡。所以，平衡是繼續不斷的動態過程，而且是主動的過程，這也就是人類認知發展的歷程。

二、認知發展的階段理論

皮亞傑認為認知的發展乃是結構組織與再組織的歷程，每一個新的組織都將前一個組織容納在內，但其行為特徵並未在新的組織中消失。整個歷程可分為四個階段，每一階段各有其行為上的特徵。各階段的發展是連續不斷的，且有一定的順序，不能省略或顛倒；而且，各階段之間是階層式的關係，後一階段必整合前一階段的特質，然後再為下一階段所合併。這四個階段依序為：感覺動作期、運思前期、具體運思期、形式運思期。其認知發展特徵簡述於下：

(一)感覺動作期（sensory-motor period）——出生到兩歲

此一階段的嬰兒，運用感覺系統及肌肉動作行為與環境交互作用，而且很容易受外來刺激所引導。此時感官與動作之間的協調與合作，將是以後心理動作發展的基礎。

此時期的發展特徵大致為：

1. 反應由外界所引導。

2. 開始學習用語言表達。

3.經由動作進行思考歷程。

4.漸能知覺和辨認物體。

5.具有物體恆存（object permanence）的觀念。

6.時間知覺只限於現在。

7.空間知覺只限於眼前部分。

㈡運思預備期（pre-operation period），又稱「前操作期」──二至七歲

此階段的幼兒開始運用語言，能藉助於語言的符號表徵來從事抽象思考。此階段前期（二至四歲）又稱「運思前期」，幼兒的思考顯得非常自我中心，不易站在別人的立場及觀點來思考，因此對事物之間的相關性不了解，對人的相對關係也不清楚。到了後期（四至七歲，又稱「直覺期」），便常以直覺來判斷事物的結果。例如當一個物體的形狀改變或分割成幾個部分時，幼兒不知道它的質量、重量仍能維持不變；而同一份量的液體倒在不同形狀的容器時，幼兒就會認為其容量已經不同。

此時期的發展特徵大致為：

1.自我中心（egocentrism）。

2.能藉單字和符號功能來說明外在世界及內在的自我感覺。

3.對自然界的各種現象，以想像的方式加以說明。

4.用直覺來判斷事物。

5.行動易受知覺影響。

6.尚不能抽象思考。

7.觀察事物只能使注意力集中在某一個顯著的特徵上。

8. 對一件物體很難看出其一種以上的特質。

9. 有短時距的過去、現在和未來的時間概念。

10. 空間觀念只限於鄰近的範圍。

(三)具體運思期（concrete operation period）—— 七至十一歲

此一階段的兒童能以具體的經驗或具體事物所獲得的心象，作合乎邏輯的思考，不過其運思僅限於解決具體的、真實的或能觀察的有關事物，尚未進行抽象的邏輯運思。也開始陸續發展出各種保留概念。

(四)形式運思期（formal operation period）—— 十一至十五歲

在此階段已經可以不須再依賴事物的內容或知覺的事實，而直接藉由非現實的假設去思考與推理，也能運用各種高層次的邏輯運思。

參、對幼兒教育的啟示

一、課程的設計

皮亞傑的認知發展階段理論，已經為課程設計者在選擇與編製每一階段課程內容時有了依據。由於幼兒教育階段正屬認知發展的運思預備期，為了配合此時幼兒的認知能力，在課程設計上可遵循的原則如下：

(一)多提供可讓幼兒活動的機會與環境，以供幼兒觀察、探索與

實驗。

㈡利用圖畫、圖表輔助閱讀，藉以激發兒童的學習興趣。

㈢重視語言在教學上的功能，使幼兒透過語言溝通，可以彼此交換不同的觀點，漸漸脫離自我中心，並由自我中心語言轉而為社會化語言。

㈣多提供遊戲的機會，幫助幼兒從中獲得社會化的能力。

㈤加強師生之間的相互尊重以及學生間互相合作的學習，以幫助幼兒智力及社會能力的發展。

二、教師的任務

㈠先了解幼兒的認知能力，以便選擇對幼兒具有挑戰性的學習活動。

㈡給與幼兒有較長的時間能掌握自己的學習，而不強求以一致的速度或內容學習。

㈢多鼓勵幼兒從事實驗、觀察、比較與發現，使幼兒在學習時成為活動的參與者而非旁觀者。

㈣積極創造一種使幼兒感到興趣的學習環境，並能適應不同幼兒的需要。

㈤以耐心與愛心引導幼兒由直覺推理而發展到邏輯推理。

㈥鼓勵以團體討論的方式協助幼兒漸漸脫離自我中心的思考方式，不可強迫學生安靜。

第八節 其他

壹、洛克──經驗主義的教育大師

　　教育思想史上經驗主義的大師洛克（John Locke, 1632~1704）出生於英國，雙親都是信奉基督教的清教徒，所以對子女的管教相當嚴格，對道德規律的要求更為注重。洛克早先從事於對醫學的鑽研，但在求學階段就對哲學上的經驗主義頗有涉獵。他確信知識來自於後天經驗，也就是說，經驗是知識的主要來源。所以，教育環境的優劣可以決定一個人的知識以及性格，後天環境的規範可以「陶冶」出一個人的智、德、體三育。

⊃ 洛克

　　與柯門紐斯以來的幼教思潮不同的是，洛克並不主張人性本善，而認為人的心靈在本質上是空無所有的，有如臘板（tabula rasa）或白紙（blank sheet）一般。人們藉由感官形成印象，然後心靈再將印象經由反省而轉變成為觀念，進而組成知識。而幼兒的心靈更是具有相當大的可塑性，就如流水一樣容易改變，容易加以培植，進而朝某一方向發展。洛克論述教育的代表作《教育漫談》（Some Thoughts Concerning Education, 1684），就是與其同鄉討論如何教育其八歲孩子的信件，對兒童教育的討論極多，也是研究幼兒教育思想必須研讀的經典書。

對兒童教育的實施上，洛克有他特殊的見解，簡單列述於下：

㈠不要教兒童學習抽象又缺乏具體經驗的事物，不只是知識，即使約束行為的規則也應該從實際行動中去養成。透過兒童的實際經驗，就能漸漸學習到，並產生出自內心不假思索的行為反應。

㈡個人的身體狀況對心智能力的發展有著不可或缺的影響，一個愉快而健全的身體，才是記憶能力所依賴的基礎。

㈢學習的材料應讓兒童當作是一種樂趣與消遣，因為心理的情境與學習是息息相關的。

㈣從幼兒開始就要謹慎地培養好奇心，因為好奇是求知慾的一種表現，也是大自然賦予人類探求知識的一項利器。

㈤與兒童講道理，是與兒童相處的真正方法。兒童喜歡別人用理性的角度去對待他們。所以，成人必須在兒童的經驗範圍內向兒童說理，以使他心甘情願地接受糾正。

㈥既然以理性對待兒童，就不需動用體罰來使兒童就範。因為體罰所造成的最大傷害不是皮肉受苦，而是經由鞭打所帶來

的羞辱。

貳、史代納──華德福教育的創始者

　　華德福教育（Waldorf Education）的創始人史代納（Rud-olf Steiner, 1860~1925）於一八六一年出生於奧地利，父親是平凡的火車站站務員。中學畢業後，史代納進入維也納科技大學攻讀數學和自然科學，除了熱中於科學實驗和對自然的觀察，也旁聽許多哲學、文學、心理學及醫學的課程。在閱讀、研究和寫作之外，史代納早自十四歲起就以家教工作維生，在他取得學位後，還曾擔任一位被許多醫生都判定為無法正常學習的水腦症兒童的家庭教師，兩年後，這位兒童竟能進入一所正常的學校與同齡的孩子們一起學習，後來還成為醫生。這次的教學經驗讓史代納體認到教育也應具有治療的功能。

　　第一次世界大戰結束，德國戰敗，國內的經濟也跟著一敗塗地，造成許多的飢荒、罷工與暴動。這樣的遽變，使得大家都迫切地想找到解決社會、經濟及政治上各種難題的答案。史代納當此之際，即四處宣講他對新社會秩序的觀念與構想，其中更強調教育在人性發展中的非凡意義。他認為傳統的教育無法解決當時的文化困境與因應社會已產生的遽變，新的教育方式必須能照顧孩童身、心、靈的整體發展，以擴展每個人的內在潛能與生命視野，為更美好的人類未來奠立基礎。而史代納相信人類社會若能以「三元化」為目標，必能是一個更美好的社會，那就是 —— 在文化的精神領域中享有精神的自由；

在法律的生活領域中享有民主的平等；在經濟的生活領域中享有社會的互助。

　　當時德國華德福‧亞斯特瑞亞（Waldorf-Astoria）香煙工廠的老闆相當認同史代納的理念，於是在一九一九年邀請史代納為他工廠員工的子女創立學校，這就是第一所華德福學校，設立在德國斯圖加特（Stuttgart）。從此以後，也開始了它在世界教育體系中獨樹一格的教育實驗。至今發展已經遍及五大洲，全球有上千所幼稚園，三百多所治療教育中心，六十多個師資培育學校。

　　華德福學校採取從幼稚園到高中一貫的學制，教學的特色在於開放、親和、整合性與藝術化，教導學生透過對自然界流轉的體驗去感受自己的內在生命，培養學生敬天愛人的價值觀以及對世界的責任感。對於學齡前的幼兒，他強調要透過模仿的本能培養出自由精神與不侵犯他人權利的觀念，進而才能在小學階段獲得生命安全感與民主合作的能力，青少年時期培養出對世界與人類的生活有更深入的興趣與關懷。

　　綜觀華德福幼稚園的特色是：

㈠提供溫暖、愛與整齊的環境，以保護孩子身心的健全發展，讓孩子沉浸在充滿安寧與美的心靈體驗中。

㈡以大自然的素材來增加孩子的感官經驗，並從中體驗大自然無窮無盡的美麗。不需給與孩子太多玩具，簡單的木頭與布娃娃更能激發孩子豐富的想像力。

㈢以節奏性、重複性與規律性的活動來帶給孩子安全感，並讓孩子因重複的熟悉而產生持久的愛。

㈣配合孩子天生的模仿特質，教師只做而不教，老師的角色就是塑造一個值得孩子模仿的榜樣。孩子模仿老師一起唱歌、工作，完全是主動自發地學習。

參、尼爾── 夏山學校的創始者

夏山學校（Summerhill）的創始人尼爾（A. S. Neil, 1883~1973）於一八八三年生於蘇格蘭，父親是一名鄉村教師，對其八個子女的管教相當嚴格，此種毫無自由而且宗教氣氛相當濃郁的家庭，對尼爾後來積極提倡自由教育不無影響。他當過學徒、實習老師、助理老師、編輯等工作。一九二四年創建夏山學校於英國南部，其中經過幾次的搬遷，目前坐落於英國倫敦東北角的雷斯頓（Leiston）。

夏山學校的特色在於「使一個人更像一個人」，主張情感教育比認知學習更為重要，反對傳統重視權威、束縛人性的教育制度。所以其校訓是：快樂、誠懇、均衡、合群，並同時強調自由、民主與愛。尼爾認為只有讓孩子在這樣的環境下生活，才能健全他們的人格發展，而人格的健全發展可以促進認知學習。傳統教育以知識傳授為主，不重視性情的陶冶，忽略學生個別的感受，無法發揮教育的真正功能。尼爾認為一個人如果人格不健全、心理不健康，那麼將無法發揮所學。他明確地指出：「情願學校教出一位快樂的清道夫，也不願意學校培養出人格不健全、驕寵自負或是退縮畏懼的學者。」

夏山學校的老師和學生各有不同的角色、工作和學習的課

程，但彼此之間是平等互惠、相互尊重的互動關係。教學採混齡編組，在課表及上課內容的擬定上也尊重學生的意見，並順應學生個別的需求。學生可以針對自己的興趣及需要自由選擇，一旦發現自己所選的課與志趣不合可以隨時停止學習。教學方式以啟發式為主，將學生視為學習的主體，老師在授課時常以問答討論的方式進行，藉此激發學生獨立思考及判斷評析的能力。此外，夏山學校也非常重視在遊戲中學習，強調透過遊戲可以讓人格健全的成長，給生命帶來快樂。

　　總觀尼爾對幼兒教育的影響約有下列幾點：

㈠對自由的肯定，不使用權威強迫學習，放棄獎懲而引導學生
　自律與自己抉擇。

㈡相信幼兒具有善良的本性。

㈢主張「愉快的工作和發現快樂」是教育的目的，也是生命的
　目的。

㈣注重知性和感性的教育內容。

㈤肯定兒童要成為獨立自主的個人，並富有建設性的態度。

㈥師生之間真誠相待、友誼交融的可貴。

㈦注意兒童心理的需要和能力。

㈧避免學生在學習中的挫敗感。

㈨對兒童愛與幸福的重視。

㈩重視人本（humanistic）教育。

我國幼兒教育思潮
的演進

2

前言

　　一九〇四年因清朝社會掀起洋務運動，而將日本的教育法規、制度，藉著日本西化的經驗，迅速將西洋的新教育制度及內容注入中國，因而公佈「蒙養院及家庭教育法章程」，幼兒教育機構「蒙養院」正式列入學制系統。一九一二年，改制民國，教育部成立，為了呼應將舊制的「學堂」改為「學校」之舉，同年九月教育部所公佈的學校系統也跟著將「蒙養院」改為「蒙養園」，列屬學校系統內。由於洋務運動公、自費赴西

洋的留學生開始返國活躍於教育界，一方面以留學歐美的背景批評日本式的制度與內容，另方面以中國學者的身分痛陳「中國本土」的必要性。於是在一九二二年，教育部通過美國模式的學校系統改革案，在小學之下列有「幼稚園」，將幼稚園定位於中國正規的學制中。

　　事實上，自蒙養院時期開始，中國社會便由於直接模仿日本，早有「幼稚園」名稱之幼教機構存在。一九〇四年創辦的湖北幼稚園便號稱為中國第一所幼稚園。但是就法規制度層面而言，在一九二二年的法令公佈之後，「幼稚園」才開始具備法的地位。

　　民國初年先後由美歸國的陶行知（1890~1946）、陳鶴琴（1892~1982）開始發表「現今幼稚教育之弊病」等批評，指出「幼稚園要適應國情」的主張，在江南地區領導發展「中國的幼稚園課程」。在華北也有以張雪門（1891~1973）為中心的幼稚園課程改革運動。經過近二十年的努力，促使國內的幼稚園能由中國兒童生活中取材，除了一般廣大的中國農村平民子弟也成為受教對象外，民間官宦士紳、教會團體也會自行出資，研究辦理「幼稚園」。

　　另一方面，台灣的幼兒教育開始於一八九七年日據時期，台南人蔡夢熊創辦了關帝廟幼稚園。二次世界大戰後，國民政府除了引入大陸的幼教制度之外，張雪門倡導的「行為課程」與陳鶴琴的「五指活動課程」也開始在台灣實施。其中，張雪門更親自在台灣開展幼教工作，被稱為「台灣幼兒教育的拓荒者」。所以，在日本與中國的影響與融合下，便形成了今日台

灣幼兒教育的面貌。

第一節　張雪門
行為課程教學法的創始人

張雪門先生（1891~1973）出生於清光緒十七年，是在浙江寧波世代經營當鋪的地方大家族。到張雪門這一代，張家龐大的家產幾乎已消耗殆盡，但因其身為長孫，所受的教育仍是備受重視。他一方面接受當時逐漸消隱的中國傳統私塾教育，一方面也接受新式的西式學校教育，畢業於北京大學教育學系。

民國二年，張雪門受聘為寧波私立星蔭學校的第一任校長。由於當時的寧波是貿易繁榮的商港，已有西洋傳教士開辦的幼稚園，張雪門因而開始對幼稚園產生興趣，並開始蒐集相關資料。民國七年，寧波的第一所幼稚園——「星蔭幼稚園」設立了，仍聘張雪門為第一任園長。經營幼稚園的同時，張雪門也關心到師資培育的問題，並與當地的教育家集資開辦二年制幼稚師範學校。一九一七年，廿六歲的張雪門，走出了寧波家鄉，開始有計畫地參觀幼稚園，接觸幼兒教育。尤其在北京、天津一帶看到相當多的幼稚園、蒙養園，見識到教師不干涉幼兒的自由教育方式。

一九二五年偶然在包花生米的紙上發現了福祿貝爾講義的殘頁，張雪門從此尋找根源，竟得到有關福祿貝爾著作的註解本，如獲至寶，隨身攜帶研究，並訂下「以一年時間研究福祿

貝爾，一年時間研究蒙特梭利，再要一年時間研究世界各國，然後以畢生功夫來研究我國的幼兒教育」的計畫。民國十七年主辦孔德幼稚師範學校，本著「做中學」的原則，定下師範生半日實習半日受課的辦法。民國十九年在北平香山慈幼院見心齋辦幼稚師範，採半道爾頓制的教學方法，也就是部分教學科目仍採班級教學方式，其餘學科則儘量給學生自動合作和時間支配的自由。他非常注重行動的實施和技能習慣的培養，首創師範生兩年的實習計畫，「參觀、參與、支配」是實習的三個重要目標。九一八事變後，因眼見國難當頭而發起「改造民族」的幼兒教育思想，畢生致力於幼兒教育的理論與實際。

民國三十五年，張雪門接受台灣行政長官公署民政處的邀請，到台北近郊的北投開辦「兒童保育院」，其組織分小學部、幼稚部及育嬰部，後來改名為「台灣省立台北育幼院」。自該院開辦時起，至自請退休為止，有七年的時間負責該院院務，因而建設出台灣全島兼具教育機能的育幼院、教養院的楷模。張雪門並在此成立導生班，指導有志從事幼教的女導生由實際經驗中習得幼教知識，辦理「幼兒團」。民國四十三年，「幼兒團」這種簡易式幼教機構在空軍當局的支持下於眷區大量開辦，三年後教育部指示幼兒團一律改名「幼稚園」，這些就地改名的幼稚園就佔了當時全省幼稚園總數的十分之一。一九七二年張雪門病逝於台北。

民國四十一年張雪門出版《幼稚園行為課程》，行為課程引承杜威的生活教育思想，認為幼稚園的課程設計必須完全根據生活、它從生活而來，從生活而開展，也從生活而結果，是

使幼兒起於活動而終於活動的一種方法。教學是以幼兒行為為中心，注重實際行為的實踐。教材則是老師根據幼兒的生活經驗以及配合幼兒的需要和興趣加以編訂。單元的決定、教室的情境佈置、教材的準備、動機的引發等等也常讓兒童有參與活動的機會。這種以幼兒在實際生活中的行為實踐為中心的教學法，盛行於民國四十九年到五十六年。

張雪門先生對我國幼兒教育有以下的貢獻：

㈠他是中國第一位極力倡導幼兒教育的人。

㈡闡揚杜威「教育即生活」及陶行知「知行合一」的理論。

㈢強調幼兒科學教育的重要。

㈣創立導生制度。

㈤開幼稚園課程與師範生實習的先河。

㈥開展台灣的幼教工作。

第二節　陳鶴琴

五指教學法的創始人

陳鶴琴先生（1892~1982）生於浙江省上虞縣百官鎮的一落破小商家，六歲喪父，從小幫母親替人洗衣貼補家計。貧困的童年與慈母的影響，塑造了他謙和剛毅的人格特質。年少時受到基督教「愛」和「奉獻」觀念的影響，決志要做救世濟人的工作。於民國三年通過公費考試赴美留學，原來的抱負是想修習醫學，成為救人的良醫，但在赴美的航途中改變了心意，認

為若要救中國，醫病不如教育，於是確定修習教育並獻身為一生的志業。

陳鶴琴在美國哥倫比亞大學攻讀教育學及心理學後轉攻幼兒教育，其思想頗受杜威影響。五年後返國任教，因看到當時國內的幼稚園不是模仿日本就是歐美式的移植，為配合實驗工作及落實幼兒教育本土化的理想，於民國十二年在南京自宅闢建「鼓樓幼稚園」，是我國第一所實驗幼稚園。園內的課程、教材教法、教具、園舍建築均屬於中國本土的設計與安排，對幼兒教育賦予中國化的內涵與實質。民國十七年，與陶行知聯名於全國教育會議中提出「注重幼稚教育」案，在大會上照案通過，這是中國近代史上首次在中央級會議上提案討論幼兒教育並獲得通過的大事。同年，陳鶴琴受聘起草幼稚園課程標準，隔年，國民政府便公佈了這份中國首次的「幼稚園課程暫行標準」，內容具備新教育的兒童本位精神，不僅影響國民政府遷台前的中國幼兒教育，也對台灣的幼兒教育有極大的影響。民國二十九年教育部在江西創辦國內第一所國立實驗幼稚師範，附設小學、幼稚園和嬰兒園，另設國民教育實驗區。陳鶴琴先生擔任校長，他重視幼稚園師資在質與量上的發展，強調教育要生動活潑。

抗戰勝利後，陳鶴琴發起組織「幼稚教育研究會」、「中華兒童教育社」、「生活教育社」、「上海兒童促進會」等，研究及推廣兒童教育，並照顧難童、傷殘、盲啞或問題兒童。他將傳統的教育改造成前進的、活潑的、自動的、有生氣的新教育，並提出活教育、七條教學原則、三條訓導原則、五指活

動教學法等，都深遠地影響了中國近代的兒童教育。民國三十二年陳鶴琴召開「活教育實驗小組」，對應教育部頒佈的課程標準，融合製作出適合於中國實施的新課程案，名之為「五指活動課程」。

五指教學法是由設計教學法蛻變而來，將課程分為健康、社會、科學、藝術、語文五項，但五者是一種整體、連貫的教學方式而不分支。一切教學集中在做，從做中學、從做中教、從做中求進步。此種教學法盛行於民國四十一年至四十八年。

陳鶴琴先生對中國幼兒教育的五大貢獻如下所述：

(一)起草中國幼稚園課程標準

被尊為「中國心理測驗鼻祖」的陳鶴琴，從幼兒發展觀點，主張編擬發展量表的必要，並從普及幼教的觀點，鼓動官方制定幼稚園課程標準。「幼稚園課程標準」在中國幼教史上的意義，一方面是國家實施教學的參考標準，另方面是跳脫模仿外國俗套，是官方正式宣告「中國化」幼兒教育的開端。

(二)開創幼兒教育科學研究

組織研究會、發行研究性刊物、多方發表有學理根據的幼教相關研究成果，這是陳鶴琴影響中國科學性研究幼兒教育的重大貢獻。在其長子出世後，又進行連續八百多天的幼兒觀察實驗，製作文字及相片紀錄，開創了「中國化」、「科學化」研究幼兒教育之先鋒。與陶行知、張宗麟等發起成立的「中國幼稚教育研究會」更是中國的第一個幼教研究團體，並因此引發二次世界大戰前中國教育界研究幼教的熱烈風潮。

(三)倡導重視幼教師資培育

在陳鶴琴戮力推動下所成立的「江西省立實驗幼稚師範學校」，是中國史上第一所公立、專設的幼教師資培育機構。陳鶴琴充分活用其數十年來研究「活教育」理論的成果，並結合理論與實驗，成為中國幼兒教育發展史上一個完整的實驗經驗。一方面串連由嬰兒期到少年期的兒童教育，實踐「即知即行」、「從做中學」的新教育理論，一方面由官方出面協同教育界推動兒童教育，顯示中國政府對於幼兒及兒童期教育的認知與決心。

(四)創辦農村幼稚園，推動平民幼兒教育

陳鶴琴反對知識高級化，主張打消教育與生活的分離、弭平學校與社會的藩籬、破除教師與學生的界限，企圖使幼兒教育深入中國的每一角落，達成每一個中國孩子都有機會接受幼兒教育的目標。此種平民幼兒教育的理念實是中國當時幼兒教育三大家（陳鶴琴、張雪門、陶行知）共同的理念，也可以視為是戰後中國大陸「幼兒園」改革的先鋒運動。

(五)為實踐教育理想的典範

陳鶴琴一生除了創建幼教系及附設幼師，並建立兒童玩具研究室、玩具工廠、幼兒園等一套幼教體系，同時親自授課，進行教學研究，到幼稚園指導，並不斷發表一系列有關兒童教育的文章。一直到在文革的浩劫中兩度遭到批判、折磨而離開他心愛的教育崗位，卻仍在病逝前留下「一切為兒童，一切為教育」的名言，其對教育實踐上所留下的實在是幼兒教育工作者永遠的典範。

參考書籍

林玉体（民 79）《一方活水──學前教育思想的發展》。台北：信誼。

林朝鳳（民 75）《幼兒教育原理》。高雄：復文。

周慧菁（民 88）大師共奠幼教基石，載於天下雜誌 1999 教育特刊，頁 234-238。

徐宗林（民 74）《西洋教育思想史》。台北：文景。

翁麗芳（民 87）《幼兒教育史》。台北：心理。

許興仁（民 72）《新幼兒教育入門》。台南：光華女中。

許興仁（民 81）《第 3 次歐洲之旅，安徒生、福祿貝爾、裴斯泰各齊、蒙特梭利遺跡巡歷摘記》。台南：光華女中。

許興仁（民 82）《幼兒保育行政》。台南：光華女中。

盧美貴（民 85）《幼兒教育概論》。台北：五南。

魏美惠（民 84）《近代幼兒教育思潮》。台北：心理。

佛朗斯·卡爾格恩（Frans Carlgren）原著，鄧麗君、廖玉儀譯（民 87）《邁向自由的教育：全球華德福教育報告書》。台北：光佑。

李樂德（Paula Polk Lillard）原著，許興仁、邱琡雅譯（民 76）《蒙特梭利新探》。台南：光華女中。

蒙特梭利（Maria Montessori）原著，許惠珠譯（民 78），《幼兒的心智──吸收性心智》。台南：光華女中。

本篇彙整

1. 相信人的內在具有自然的善性以及人會自發學習的觀點，奠定了柯門紐斯在近代教育史上佔有主流的先導地位，這也是他在教育上的主要貢獻。

2. 柯門紐斯的主要主張：(1)相信人具有神的形象，人性本善。(2)每個人不分貧富貴賤，都應有受教育的機會。(3)教學內容應學習所有事物，並透過實物或圖畫書教學。(4)一切教學應該遵循自然的順序，人們應從觀察大自然中獲得神的啟示。

3. 盧梭的教育論著《愛彌兒》一書被後世稱為「兒童的福音書」，也有人因此而將盧梭稱為現代兒童心理學家的鼻祖。在書中，盧梭藉著一個幻想中的男孩愛彌兒，將二十歲以前的教育過程分為四個時期(1)家庭教育及體育──誕生至五歲。(2)感官教育──五歲至十二歲。(3)理性與手工教育──十二歲至十五歲。(4)感情教育──十五歲至二十歲。

4. 盧梭是自然主義教育的倡導者。自然主義的教育學說，認為兒童生來就具有潛伏的能力，若能配合良好的環境，它能夠自行生長。教育的任務，在於提供兒童適合的環境，使它能夠自然和諧地發展出原有的能力。

5. 斐斯塔洛齊的主要主張有三：(1)要從三種關係中才能有效

地完成「人」的教育，那就是人必須與「神」、「父母」與「他人」先建立良好的關係。(2)教育的功用在培養兒童的腦、心、手，即 3H 均衡發展。(3)「直觀」是兒童認識的直接知識，是一切認識的出發點。而「語」、「形」、「數」是一切教學法的基本要素，藉由此而發展出「讀」、「寫」、「算」（3Rs）的能力。

6. 福祿貝爾於一八三九年六月創立的「遊戲及作業教育所」才是真正幼稚園（kindergarten）的前身，它的生日也就是幼稚園的生日。

7. 生命大統一原理代表福祿貝爾一貫的宇宙觀、人生觀，也是他一切思想的出發點。此原理所包含的主要內容為：(1)宇宙與萬物是合理而井然有序的，受一定的規律、法則所支配。(2)由於宇宙萬物及所有現象是「造物主」的智慧創造，所以這個「大統一」的根基就是神。(3)因為萬物皆是神所創造，所以神的本質——神性就存在於萬物之中。也就是說，包括人與自然的所有生命都多少含有些「神性」，所以一切生命都含有相同的質素。(4)人是萬物中之靈長，具有最高度「神的本質」——創造、活動、勞動、生產。(5)人具有神的素質、自然的素質以及人的素質三方面，所以個人與神、自然及他人的關係中具有「統一性」、「個別性」及「多樣性」。

8. 恩物的創製是福祿貝爾在幼兒教育中一個非常具體的貢獻。恩物共有二十種，通常將前十種稱為「遊戲性恩物」或「分解恩物」，後十種稱為「手工」或「綜合恩物」。

福氏前十種恩物是立體、面、線、點逐漸由具體進入抽象，以幫助幼兒發現、認識並了解其環境及周圍的事物為目的。後十種恩物乃以點為出發點，由點、線、面，再發展為立體，由抽象再逐漸回到具體。

9. 從蒙特梭利開始，幼兒教育進入以科學研究為基礎的新時代，強調觀察與實驗，重視環境的預備，並以智能發展為主要目標。在此之前的幼兒教育則以哲學思想為基礎，重視教師的能力，以社會發展為主要目標。

10. 蒙特梭利對兒童的研究是以「自由」為科學教育學之基本原則，強調要為兒童預備一個適合的自然環境，並允許兒童自我表現其個別的本性。

11. 蒙特梭利的整個教學法以兒童為中心，以兒童的選擇做為教學的導引原則，而圍繞著兒童的特殊環境需具有三個條件：適當的環境、謙卑的教師與適合兒童需求的教具材料。也就是說，蒙特梭利法可劃分為三個要素：預備的環境、教師（指導員）與教具（工作材料），她並曾將其中預備的環境比喻為人體中的「頭」，教師為「胸」，教具則有如「腹」，三者看似分立，事實上卻連成一氣，彼此相輔相成。

12. 蒙特梭利教育的內容，為達成教育的目標大致分為下列五個課程：日常生活練習、感官教育、數學教育、語言教育及文化教育。而蒙特梭利教具一般可分為四大類：日常生活練習教具、感官教具、學術性（含讀、寫、算的預備）教具與文化、藝術性的教具。

13.杜威主張學校生活應與兒童實際生活打成一片，使學校成為兒童生活的地方，而不是與生活知能無關的地方；同時提倡「從做中學」，以兒童實際經驗為起點，使教材成為適應行動需要的工具，再以實際行動完成認知的過程。因此，兒童經驗的成長與發展是無法與社會環境脫節的。

14.杜威主張教育的本質有三：教育即生活、教育即生長、教育即經驗的重組與改造。

15.皮亞傑認為認知的發展乃是結構組織與再組織的歷程，整個歷程可分為四個階段，每一階段各有其行為上的特徵。這四個階段依序為：感覺動作期、運思前期、具體運思期、形式運思期。

16.洛克認為人的心靈在本質上是空無所有的，有如臘板或白紙一般。人們藉由感官形成印象，然後心靈再將印象經由反省而轉變成為觀念，進而組成知識。而幼兒的心靈更是具有相當大的可塑性，就如流水一樣容易改變，容易加以培植，進而朝某一方向發展。

17.張雪門是中國第一位力倡幼兒教育的人，他引承杜威的生活教育思想，開始在國內推展「幼稚園行為課程」。這種以幼兒在實際生活中的行為實踐為中心的教學法，盛行於民國四十九年到五十六年。

18.陳鶴琴有「中國的福祿貝爾」之稱，建立中國的幼兒教育體系，並製作出適合於中國實施的新課程案，名之為「五指活動課程」。此種教學法盛行於民國四十一年至四十八年。

自我評量

是非題，並請將錯誤的敘述加以訂正：

1. （ ）盧梭認為造物主所造的都是善的，但只要到人的手裡就變成惡的。

2. （ ）盧梭、斐斯塔洛齊與福祿貝爾都強調勞動與教學要合而為一，手腦要並用。

3. （ ）柯門紐斯提倡教學要以聖經為主，只有貴族才可以接受教育。

4. （ ）斐斯塔洛齊承襲盧梭的教育思想，認為人應該儘量遠離社會以免變壞。

5. （ ）柯門紐斯、斐斯塔洛齊、福祿貝爾的教育思想都是以其宗教哲學信仰為基礎而建立。

6. （ ）柯門紐斯、盧梭、斐斯塔洛齊、福祿貝爾、蒙特梭利都重視教育上的「環境」因素所造成的影響。

7. （ ）「兒童花園」即是現在所稱的幼稚園，由德國福祿貝爾創立。

8. （ ）福祿貝爾三體是第一恩物，代表的即是其教育理想「天人合一」。

9. （ ）福祿貝爾認為人的本質是來自於社會，發展的最終目的是成為社會兒童。

10. （ ）福祿貝爾相信由於神的主宰而使得宇宙萬物都具有

統一性與規律性。

11.（　）福祿貝爾恩物共有二十種，通常將前十種稱為「分解恩物」，後十種稱為「綜合恩物」。

12.（　）蒙特梭利法可劃分為三個要素，其中預備的環境可比喻為人體中的「頭」，教師為「胸」，教具則有如「腹」。

13.（　）蒙特梭利教具為了考慮安全因素，應該使用不易被打破、不易使孩子受傷的物品。

14.（　）蒙特梭利教具有固定的操作方式，任何人都不得隨意變更。

15.（　）蒙特梭利因重視智能發展而忽略了社會行為發展，因重視個人操作而忽略團體活動。

16.（　）蒙特梭利認為，教師在孩子無所事事或一直重複操作某件教具時，應該加以介入指導。

17.（　）蒙特梭利認為，為了引導孩子有更豐富的創造力，應該多給與神仙童話故事。

18.（　）美國「兒童中心」的學校源始於杜威所辦的實驗小學。

19.（　）尼爾在夏山學校首先提出「問題教學法」，以幫助兒童從生活裡發現問題並尋求解決的方法。

20.（　）皮亞傑認為，適應是個體與周圍環境接觸時，為求了解或認知事物的性質所產生的一種基本行為模式。

21.（　）皮亞傑認為，同化的功能在說明認知發展中「質」

的改變，而調適則是用以說明「量」的改變，此二
者是繼續不斷的交互歷程。

22.（　）洛克並不主張人性本善，而認為人的心靈在本質上
是空無所有的，有如蠟板或白紙一般，教育的主要
目的就是陶冶孩子的心性。

23.（　）華德福教育主張應該儘量給與孩子玩具，以激發孩
子豐富的想像力。

24.（　）陳鶴琴有「中國的福祿貝爾」之稱，首辦我國第一
所幼稚園，並訂定參觀、參與、支配三階段實習計
畫。

25.（　）張雪門為台灣幼兒教育的拓荒者，與陳鶴琴曾有
「南陳北張」之美譽。

配合題：

(A)柯門紐斯　(B)盧梭　(C)斐斯塔洛齊　(D)福祿貝爾　(E)以上皆是
(F)以上皆非

1.（　）創辦舉世聞名的伊弗登學校

2.（　）主張十二歲以前不應閱讀書籍

3.（　）大自然物都具有神的素質與自然的素質

4.（　）強調教育要順應自然之道

5.（　）人類的最高理想是自然人的生活

6.（　）畢生致力於教育貧困孤兒

7.（　）促使兒童教育由成人中心轉至兒童中心

8.（　）教學應應用實物進行感官教育

9. （　）人性本無善無惡，教育主要在灌輸與陶冶

10.（　）重視母親對幼兒的影響

11.（　）創設「兒童花園」，被稱為「幼稚園之父」

12.（　）所設計的教具有「自動控制錯誤」的特性

13.（　）女性應消極被動，沒有獨立存在的價值

14.（　）真正的人性教育開始於感情教育時期

15.（　）主張人性本善，教育應啟發本性

問答題：

1. 請寫出自然主義之教育學說的主要主張。

2. 請各以一種教具來說明蒙特梭利教具的五項原則或特色。

3. 請舉例說明皮亞傑學說中的「同化」、「調適」與「適應」。

4. 就蒙特梭利教育、華德福教育與夏山學校三種不同的教育方式，請比較出它們之間的相同點與相異點，並說說你個人喜歡哪種教育方式？為什麼？

第三篇

各國幼兒教保概況

前言

　　本篇將以狹隘的教保定義來探討各國的教保發展與概況，
著重幼兒機構的設置和國家政策的實施。

　　我國古書中雖可尋得有關學前教育的內容，但學前機構的
成立卻是近幾十年的事；最早的幼兒機構是西元一八九七年於
台灣台南設立的關帝廟幼稚園。與西方國家比較起來〔法國一
七六七年創設幼兒保護所（類似早期的托兒所）、英國一八一
六年第一所幼兒學校設置、德國在一八三〇年建立第一所幼兒
保護機構且於一八四〇年創立世界第一個幼稚園、美國第一所
幼稚園為一八五五年創辦〕，我國的幼教發展晚了許多。

　　我國的教育政策一直較偏重高等教育，以致幼兒教保措施
和品質不如西方先進國家，而今，由於專家學者們的倡導及政
府的體認，幼兒教育的品質與政策已在改革。教育的革新在考
量國土民情之時，可以參考他國在幼兒教保工作的發展歷程及
趨勢，他山之石可以攻錯，同時，對於他國在幼兒教保工作的
努力與用心，也頗值得我們仿效。

　　身為教保人員的我們，亦可藉由對其他國家教保情形的了
解，學習他人的優點，提升自我的教保品質。

世界各國教保概況及發展趨勢

1

第一節　英國

幼兒教育的先驅

英國以推展開放教育著名，在幼兒教育方面亦是先進。是最早開辦保育學校（Nursery School）的國家，義務教育在一百多年前就改從五歲開始，而且免費，但五歲幼兒的教育並非著重讀、寫、算的知能教育，而是依幼兒的發展狀況，施以個別輔導，使其自然順利地銜接小學教育。

⊙ 英國泰晤士河畔倫敦塔

壹、幼兒教保發展簡史

　　歐文（Robert Owen）有感於工廠附近的居民欠缺知識，童工到處可見，非童工的幼兒無人照顧，而幼兒正處於高可塑性的階段，於是在西元一八一六年於蘇格蘭新蘭那克（New Lanark）自己經營的紡織廠內創設了一所學校，取名為「性格形成新學院」（New Institution for the Formation of Character），分為幼兒學校、小學和青年學校，這是英國第一所幼兒學校（Infant School），也是世界上第一所幼兒學校。歐文的幼兒學校分成年幼（一至三歲）及年長（四至六歲）二組，每組由三十至五十個幼兒構成，教育學理以斐斯塔洛齊的教育方

法為基礎，重視體能和戶外活動，反對體罰及讀、寫、算的知識本位教育。歐文的成就使得幼兒學校逐漸普遍，一八二四年倫敦成立了「幼兒學校協會」，不過，教育方向卻轉偏重於智育。

英國的教育原本為宗教慈善團體或私人辦理，直到一八三三年改革方案（Reform Act），國會開始正式過問教育，也才開始關注幼兒教育。

西元一八五〇年開始出現托兒所（Day Nursery），但是因為幼兒學校遍及全國，托兒所的發展並不發達。

一八七〇年初等教育法案（Elementary Education Act），又稱福斯特教育法案（Forster's Education Act），確立幼兒學校為國家教育制度中初等教育的一部分，招收年齡為五到七歲兒童，制定五歲幼兒要開始接受義務教育，其口號為「我們必須教育我們未來的主人翁」（We must educate our new master.）。一九〇五年英國政府裁示五歲以下的幼兒應進入保育學校就學，於是招收年齡界線含糊的保育學校便和幼兒學校分開來了。

「全國保育協會」於一九〇六年成立後，促使原本不發達的托兒所設立逐漸增加。

西元一九一一年開始，麥克米倫姊妹（Margaret & Rachel MacMillan）積極推展保育學校，確立保育學校的教保功能，故有人稱麥氏姊妹為保育學校的開創者。麥克米倫姊妹首先是在一處貧民窟設立露天保育學校（Open-air Nursery School），收容勞工們五歲以下的子女，注重營養、衛生、保健和戶外活

動，排除當時的學校設立目的只是慈善因素。麥氏姊妹的教學方式及內容後來變成幼兒學校所依循的傳統。

一九一八年費雪法案（Fisher Act）要求地方政府必須設立或補助保育學校，後來因為經濟不景氣，保育學校補助經費被取消。

二次世界大戰末期，英國於一九四四年制定巴特勒教育法案（Butler Education Act），將保育學校及保育班（Nursery Class）納入學制，收受二至五歲幼兒。地方政府得依當地需要設立這類機構，但不是義務教育的範圍；而幼兒學校招收五到七歲兒童，與七至十一歲的小學教育合稱為初等教育，共同列屬義務教育。

五○年代，英國學前幼兒的家長嘗試組織不同型式的學前教育機構，於一九六二年設立第一個遊戲團體（Playgroups），由一或二位志願的家長在私宅、社區空地或教堂裏，每星期數次帶領幼兒做活動。後來因政府和其他機構的參與，遊戲團體迅速發展，更為制度化，功能也朝向多元化。

幼兒學校列入義務教育後，為銜接小學教育，上課時間為全天，教育內容以知識為重，造成部分兒童身心不愉快，於是一九六七年英國研究委員會發表「卜勞登報告書」（The Plowden Report），建議幼兒學校由二年增為三年，每天只上半天課，課程內容革新為重視幼兒的個別化及獨立學習。英國政府於一九七二年採用此報告書，並投入大量的人力和經費於五歲以下幼兒的教育上，以期做好紮根培苗的早年教育。

一九七八年瓦那克夫人提出瓦那克報告書（The Warnock

Report），說明社會給殘障者的協助不應是憐憫，而是教育機會，認為殘障兒童應該到正規學校接受教育。此報告書使特殊教育工作擴展至嬰幼兒階段。

英國政府為了讓家境不好的幼兒也能進入教育機構，獲得良好的教保，便於一九八〇年建議幼兒教育機構將收費標準依照家長收入的高低做調整。

英國近年將幼兒教育的重心下延至四歲幼兒身上，期使幼兒在接受義務教育之前，都能在學前教育機構接受高品質的教保。於一九九四年公佈所有四歲幼兒的家長都可申請教育補助的幼兒教育券，而參加教育券計畫的幼兒教育機構必須能提供每星期五天，三個學期的課程。辦法是先向中央申請，之後定期接受評鑑，以確保教保品質。其教保品質的要求有下列六個層面：

㈠強調幼兒學習的過程，發展與他人合作及融入團體的社會能力。

㈡培養幼兒聽、說、讀、寫等基本語文能力。

㈢培養幼兒基本的邏輯數學能力。

㈣發展幼兒知能，學習有關自己、環境和世界的知識。

㈤增進幼兒身體的控制力、活動力與空間感，提供室內與戶外活動的機會。

㈥培養幼兒的想像與創造力，發展溝通與表達思想、情感的能力。

教育券的制度於一九九七年四月全面施行，但家庭保母（Childminder）不在此補助計畫中。

英國政府於一九九八年七月提出「穩健的開始」（Sure Start），將學前教保的重心由補救轉為預防，以地方為基礎，結合家庭、學校與社區的力量，針對各家庭的個別需求，給與人力及資訊的支援。

貳、現況

英國的義務教育從五歲到十六歲，所以學前教育（Pre-school Education）稱為保育教育（Nursery Education），指的是五歲之前的各種教育型態，而幼兒教育則是指七歲以前的教育。

一、學前教育機構

英國政府發現五歲以下的幼兒處於高可塑性的學習敏感期，而周遭環境的內容會影響幼兒的學習過程、品質和成就，所以保育教育機構著重於學習環境的提供；沒有正式的功課，讓幼童自由玩耍或作有計畫的活動，在自發學習的過程中培養觀察、比較、適應、做決定及與他人合作的能力。但在幼兒有學習意願之時，提供讀、寫、算的課程，以令幼兒在進幼兒學校時已具有基本的讀、寫、算能力。常見的學前教育機構有下述幾種：

(一)隸屬於地方教育當局管理的機構

  1.保育學校（Nursery School）

    可分為公立與私立的保育學校，公立的保育學校免費，私

立的學校則要收費，中央主管機關為教育與科學部之健康福利部。招收年齡為二至五歲的幼兒，上課時間為半天，上午九點半到中午，或從中午到下午三點半，只有非常少數的保育學校提供全日的服務。保育學校主要的活動內容為繪畫、唱歌、遊戲、說故事、舞蹈、學習生活禮儀及常規。

　　保育學校的師資編制為教師和保育員（Nursery Assistant），班級的師生比例為 1：13。教師來源的主要機構為師範學院（College of Education），修讀三年的教育學士課程，但也有畢業於大學的教育系，或大學畢業後修習一年的教育專業課程，當學校的專業課程完成後，須實習一年且成績及格，方能取得合格教師資格；保育員則是須通過全國保育審查會（National Nursery Examination）訓練合格。

　2.小學附設保育班（Nursery Classes within Primary School）

　　小學附設保育班的行政制度、師資來源和上課時間都與保育學校相同，只是保育班的招收年齡為三到五歲幼兒，全日制的情形多於保育學校，而且保育班的老師大都由其附屬小學的教師擔任。

　3.預收班（Reception Class）

　　預收班也附設於學校，招收年齡為接近五歲的幼兒，教學內容與保育班相近，透過分組或個別的方式，為銜接幼兒學校作準備。

㈡隸屬於地方社會服務部（Local Authority Social Services Departments）管理的機構

　1.托兒所（Day Nursery）

托兒所設立的目的是為解決就業婦女照顧子女的困擾，提供全天看顧的服務，從早上八時至下午六時，寒暑假亦同，但不擔負教育的職責。因為托兒所符合家長的工作時間，所以很受歡迎。托兒所配置的人員以訓練合格的護士或保育員為主，收費標準依家長的經濟狀況決定。

2. 遊戲團體（Playgroups）

　　遊戲團體通常設置在無保育機構的地區，由一或二位志願的家長帶領二至五歲的幼兒做活動，每星期約三次，每次約三小時，比較強調操作和想像的遊戲。對於帶領的教師資格並無強制規定，可於適合的父母中挑選或洽請合格保育員，但是遊戲團體的指導人（Play leader）必須接受過專業課程的培訓。遊戲團體設立時須到地方社會服務部註冊登記，由學前遊戲團體協會（Preschool Playgroups Association）協助辦理，經費來自多種機構或團體，使得遊戲團體的功能朝向多元化。

3. 家庭保母（Childminder）

　　欲擔任家庭保母者須先到地方當局註冊，且通過社會服務部的住宅安全、消防設備和照顧人數的檢查。家庭保母除非是幼兒的近親，不然看顧時間每天不得超過二小時。為維持保母的品質，地方當局會安排研習課程，並讓保母貸款為幼兒買玩具或設備，而「全國保母協會」（National Childminding Association）也會提供保育新知給保母們。保母的費用無統一標準，而且不適用於「教育券計畫」。

二、幼兒學校

為義務教育且免費，招收五至七歲的兒童，有單獨設立的學校，但較多是與初級學校（Junior School）合併為小學（Primary School），每週上課五天，每天的上課時間為上午九時到下午三時半，中央主管機關為教育部。

幼兒學校大都採混齡編班，教室裏規畫為開放的學習區空間，提供機會與材料讓幼兒自由選擇及操作。幼兒學校無正式的課程綱領，教師利用個人、小組和團體的型態，以非結構的教學貫穿整個課程內容。

參、發展趨勢

英國幼兒教保的發展極早，但一直致力於幼兒教保的改革，確保提供的幼兒教保品質，以培育優秀的下一代。現今的發展趨勢為：

㈠減少班級人數，將教室規畫為若干個學習區，以遊戲的方式進行活動，採用尊重幼兒能力與興趣，以幼兒為學習主體的發現學習。

㈡採取混齡編班或編組，以接近真實家庭與社會的生活模式。

㈢提升教師專業品質，明定教師任用資格。

㈣注意幼小銜接，以自然的方式讓幼兒過渡到適應小學的學習方式。

㈤注重幼兒安全、衛生與福利的工作。

㈥以地方為基礎，結合家庭、學校和社區的力量與資源，提供
　　較高品質的幼兒教保服務。

第二節　法國

成立世界最早的幼教機構

　　法國的幼兒教育起源相當早，世界最早的幼教機構即是在
法國成立，但法國能配合時代演變，而不斷改進其幼教機構的
型態、課程內容及對待幼兒的態度，維持教育服務的品質，無
怪乎能一直扮演著領導幼兒教育發展趨勢的角色，且被人譽為
是最照顧幼兒的國家。

壹、幼兒教保發展簡史

　　世界最早的幼教機構是法國路得會牧師歐柏林（J.F.Ober-
lin）於一七六七年設立的「幼兒保護所」（Kinderbewahra-
nstalt）（類似托兒所），收托因戰爭或貧困而被遺棄的六歲
以下幼兒，施行養護並提供知識、道德和宗教的教育。歐柏林
家的女僕謝布拉（Luis Scheppler）因參與了保護所的照護工
作，認真且虔誠，成為歐柏林牧師和師母最得力的幫手，她於
一七七九年創辦了「編織學校」，對象為農家的子女，提供身
體的養護和知識技能的教授。

　　法國受到工業發展的影響，婦女出外工作的人數增加，一

八二五年，巴黎為無力照料幼兒的家長創辦了「托兒所」，因應社會需求，托兒所的發展十分迅速。

一八四八年，編織學校與另一種收容機構一同被歸入國家正規教育系統，命名為「母親學校」（'ecoles maternelles），從此私人的慈善事業變成國民教育事業。

西元一八八一年，法國政府公佈實施全民教育，將母親學校納入學校體制，無論公立或私立的母親學校都屬於教育機構，與小學合併為初等教育系統。公立的母親學校免費，但非義務教育，不強迫入學。依法規，母親學校須接受兩性的幼兒，招收年齡為足二歲以上，最高可達七歲。家長自幼兒年滿二歲起，可依需要申請入學。

一八八七年，法國政府頒佈學前教育法令，規定母親學校提供的教材與活動須符合幼兒身心發展和生活背景，而且具地方性、彈性及具體性，並以不同的方式進行遊戲與教學活動；同時鼓勵母親學校使用橢圓形的桌子及高矮不一的個別椅子，使幼兒能更自在地遊戲與學習。

第一次世界大戰前，法國的學前教育變成雙軌制，平民子女念母親學校，而上層社會子女則就讀於幼稚園（jardin d'enfant），至一九一九年起，法國興起統一學校的運動，倡導單軌制，加上一九二二年之後，母親學校充實其教學內容，母親學校才逐漸受到重視。

母親學校與托兒所教師的地位是在西元一九二一年才獲得肯定，她們的工作時間和待遇調整為與小學教師相同。同年，創立「小學與母親學校一般教師學會」（簡稱A.G.I.E.M.），

提供教師們教育的訊息，教師們在此學會也可以交換彼此的教學經驗。

　　法國學前教育法令於一九二八年二月修正，此後，法國學前教育機構的設置都依此法辦理。法令說明了幼兒教育機構設立的行政條件，其中包括了課程內容、教學方式、教師資格、班級人數、師生比例與環境設備等。

　　「世界學前教育組織」（簡稱O.M.E.P.）於一九四八年在法國設立，法國幼兒教保的教師因地緣之利而方便取得最新的幼教觀念，此外法國幼兒教保的概況也藉由此組織傳播介紹到全世界，因而促使法國的幼兒教保更為蓬勃發展。

　　法國政府於一九五九年更是強調學前教育的重要，在「教育改革法」中提及，法國若要保持國際上的大國形象，就必須著眼於優秀人才的培養，而學前機構對於及早發現人才與及早防治低能具有重要的作用，故應落實幼兒教育的實施。

　　一九七五年六月「阿比改革法案」強調學前機構應該提供幼兒自由、活潑和遊戲的學習環境，禁止過早教導讀、寫、算的認知課程，並規定入小學的年齡限制可以彈性，優秀的學生可以跳級。

　　一九七七年，學前教育的師資開放男性加入，開始招考對幼兒教育有興趣的男性教師與相關研究人員。

　　法國政府於一九八九年開始重視環境不利和殘障幼兒早期介入的重要，在「教育輔導法」中重申學前教育的重要，並強調學校應給與環境狀況不佳和特殊的幼兒適當的教育關懷，以預防這族群幼兒產生學習上的挫敗。

貳、現況

(一)公立的學前教育機構完全免費，但非義務教育

法國的學前教育隸屬於初等教育的體系，採用學區制，幼兒在所屬的學區學校就讀。六歲為義務教育的開始，強迫入學，而六歲以下幼兒則依需要申請入學；幼兒在公立學前機構不管待幾年，一律免費。儘管如此，家長仍然可以選擇不送六歲前的幼兒上學，家長與幼兒的權益與意願都受到尊重。

(二)學前教師的資格要求

法國的幼兒教育因歸屬初等教育，學前機構行政上與小學相同。公立幼兒機構要求的教師資格與小學一樣，須具大學程度且須先接受高品質的專業課程培育，理論與實務並重，學分修習完畢，在教育機構實習合格後，方能拿到證書。因公立幼兒機構的教師資格及待遇與小學一致，所以兩者師資可以互通，這樣的政策有助於幼小的銜接。

私立的學前教育機構對教師資格的要求則依機構主管訂定的標準。

(三)幼兒教育目標

法國教育部期許學前教師能了解幼兒學習狀況，引導幼兒學會如何學習，而不是強調讀、寫、算的認知課程，故將幼兒教育著眼於下列四方面：

1.發展幼兒對身體的認識，增進大、小肌肉的動作發展，學

習獨立和照顧自己。

2.發展幼兒語言表達的能力，建立溝通的方式。

3.培養幼兒的審美觀，增進欣賞美的能力。

4.學習使用科學的方法，增進解決問題的能力。

㈣學前教育機構

　　法國的幼兒教育機構主要有四類：母親學校、學前兒童班
（classe enfantine）、幼稚園和托兒所（Creche）。

　1.母親學校

　　法國的母親學校就讀率很高，其主管單位為教育部，但與
衛生部和社會部協調、合作。母親學校有單獨設立，也有是附
屬於小學的「幼兒班」，招收年齡為二至六歲。有些母親學校
分大班和小班，大班為五到六歲幼兒，小班為二至五歲的幼
兒，而有些母親學校則成立中班，收受四至五歲幼兒。母親學
校的教學內容十分彈性，以營造快樂的學習氣氛為目標，課程
主要為身體的活動、溝通、美育與科學。

　　母親學校的教師與小學教師屬於同等資格的老師，都須經
過修習專業課程和實習，而母親學校的主管〔班級五班以上稱
校長（directrice），五班以下稱為首席教師（head teacher）〕
須年滿三十歲，教學經驗八年以上，經學區區長及督學提名參
加考試及格，並獲官方任命才可擔任。

　2.學前兒童班

　　學前兒童班通常附設於小學，招收年齡與母親學校相同，
但近年來，有些學前兒童班轉變提供母親學校和小學的銜接課
程。目前法國尚有等待班（classe d'attente）和預備班（course

preparatoire），收納年滿六歲但成熟度未達小學標準的兒童。

3.幼稚園

幼稚園在法國並不發達，為私人自費設立，不受教育部也不受保健部管轄，政府僅就安全與衛生條件予以監督。

4.托兒所

托兒所主要收受〇至三歲幼兒，服務的內容主要以健康、安全為主，亦提供教育性活動，主管機關為保健部。

參、發展趨勢

法國政府十分看重幼兒教保的施行，幼兒的就學率為世界之冠，明白今日的投資，將減少未來的補救經費。而今，法國的發展趨勢為：

㈠注重幼兒學會如何學習，並將課程重心放在對身體的認識、表達、審美與解決問題能力的培養。

㈡降低師生比例。

㈢看重幼小的銜接，主張小學一年級的教學方式仿照學前機構，促進幼兒適應小學生活的轉變。

㈣提供家庭諮詢服務，重視親師溝通。

㈤加強環境不利幼兒的學前教保，以達教育機會的均等。

㈥重視身心障礙幼兒的教保，加強早期療育的教保工作。

第三節　德國

設置世界第一所幼稚園

　　雖然世界第一所幼稚園（Kindergarten）是在德國設置，但幼稚園在德國社會並不普及，因為德國非常重視家庭教育，認為學前教育須與家庭教育配合，才能達到學前教育的目標。德國在憲法中陳述教養子女是父母的權利與責任，政府的責任只是監督父母是否履行此義務，因此德國在學前教保的投資及規畫比起其他先進國家少了許多。

⊃ 德國布蘭登堡城門

壹、幼兒教保發展簡史

十八世紀末、十九世紀初，德國就有招收三至七歲兒童的「編織學校」和代替勞工婦女照護幼兒的日托中心。一八〇二年，一位女侯爵為勞工階層無家可歸的幼兒，建立德國第一所收容庇護所。

西元一八三〇年，德國法蘭克福大學（Universitat）教授葛羅斯曼（Wilma Grossmann）女士出版《學前教育》（Vor-schulerziehung）一書，書中的主張獲得許多教育家的認同，學前教育由此受到重視，同年便建立了德國第一所「幼兒保護機構」（Kleinkinderbewahrenanstalt）。幼兒保護機構陸續設立，成效良好，教會也加入兒童保護與教養的工作，演變到後來，教會人員參與了大部分的兒童教保工作。

一八三九年六月，在布朗根堡（Blankenburg）的鄉下路多爾城（Rudolstadt），福祿貝爾（Friedrich Wilhelm August Fro-bel）受同事的鼓勵，設立以六個月為期的「幼兒教育指導人員講習班」和一所收受六歲以下幼兒的附設實習學校，主要目的是給德國母親學習及實習教育子女的方法，並使父親重視自己的角色。

由於福祿貝爾早年的學校經驗並不愉快，背死書的學校生活使他喪失學習興趣，成績不佳而常遭父親和繼母的責罵，以致福祿貝爾不願意將其所設立的教育機構取名為「學校」。一八四〇年五月的某一天，福祿貝爾歸回布朗根堡的途中，遠眺

布朗根堡的美景，心有所感，思有所悟，就將實習學校取名為Kindergarten，我國將此單字翻譯為「幼稚園」，德語的意思為「兒童花園」，表示幼兒學習的專業受教場所——「幼稚園」，具自然生趣，以提供遊戲為主，幼兒在此自由的氣氛下增進身心的健康。這是世界第一所幼稚園。

德國一八四八年革命運動失敗，社會一切顯得蕭條，幼稚園因此推展得並不理想，直到一八四九年，全國才共有二十所幼稚園。普魯士政府因為福祿貝爾的姪兒參加革命運動而懷疑福祿貝爾有革命色彩，於一八五一年下令禁止幼稚園的設置，福祿貝爾受到打擊，隔年即過世，直到一八六一年政府才允准再設置幼稚園，並於一九〇六年在柏林設立第一所學校附設的幼稚園。

普魯士政府文化部在一九〇八年提出「婦女學校教學計畫」（der Lehrplan der Frauenschulen），計畫性地培育幼稚園的師資，於一九一一年舉行第一次的幼稚園女老師資格考試。此後，不斷地有許多私人舉辦的教師研習會，如此，提升也維持了幼稚園師資的專業水準。

儘管福祿貝爾極力推展幼稚園教育，一八四〇到五〇年的幼稚園設立數目仍算零星。直到第一次世界大戰後，許多家庭的父親因為在戰爭中喪生，母親必須外出就業，小孩只好被送到幼稚園，使得幼稚園如雨後春筍般的成立。為解決戰後的情形，德國政府在一九二二年制定了「帝國青少年福利法」（Reichsjugendwohlfahrtsgesetz，簡稱 RJW），強調設置「白天的幼兒之家」（Kleinkinder Tagesheime），即設立幼兒保護

機構、托兒所和幼稚園，並養成幼兒教養和看護工作的師資及人員。此階段的幼兒教保機構大部分為私人或教會承辦，成為社會照顧的場所，補充家庭教育的不足。

　　一九二五年之後，德國政府開始重視身心障礙兒童的教育問題，建議身心發展遲緩的孩子到特殊的幼稚園就讀。

　　二次大戰後，教育普及，經濟起飛，幼兒教育機構普遍，人們對教育設施更為看重。人民的觀念也隨之開始改變，不願多生小孩，即使政府一再鼓吹，還是無法提升孩子的出生率，導致學前機構的數量及每班人數逐年減少。

　　六○年代有人提出「融合式幼稚園」（Integrierte kindergarten）的構想，主張幼兒園應接受正常兒童和特殊兒童共同受教。赫爾布呂格醫生（Theodor Hellbruegge）在慕尼黑設置「兒童中心」（Kinderzentrum），就是一所「融合式幼稚園」，由於教育成效良好，許多「融合式幼稚園」相繼成立。在這同時，德國青少年養護協會也確立了學前教保機構只是家庭教育的補充，非學校教育，隸屬於社會教育的範疇中，所以國家不硬性規定幼兒是否要入園就讀。

　　一九六八年，許多父母強調重視孩子的需要，反對權威教育，在西柏林發起「兒童商店」（Kinderladen）運動，意謂幼兒所受的教育應像進入商店一樣，依自己的需要選購物品。「兒童商店」的活動採分組的方式，每組有六至八位幼兒，由一位教師設計和安排活動，採自由、開放的教學，讓幼兒在活動中體驗成功、建立自信，並發展社會行為和自我意識的創造。

　　一九七○年，德國教育委員會（Bildungskommission）提

出「教育體制的結構計畫」（Strukturplan fur das Bildungswe-sen），將幼稚園置於學制中的「基礎領域」（Elementar Bere-ich），使幼稚園正式成為教育體制的一部分。當年九月時，德國學前教育協會和教育與科學工會合辦了學前教育會議，出版業與手工業趁此開會的機會，呈現所生產的教具、教材和玩具，因而激發了社會大眾對學前教保的興趣與責任感。

在一九七六年，二十九位父母依「兒童商店」運動的經驗，設立了「漢堡兒童之家」，強調無論男孩或女孩皆有受教的權利，並主張每個幼兒皆須學習，而且在成人引導幼兒學習前，需先引發出幼兒的學習興趣。

西元一九九〇年十月，二次大戰後分裂的東、西德合併了，但德國不急著制定新憲法，仍以西德原有的基本法為依據，對於教育制度採取「去蕪存菁」的方式，讓東德不當的學校或教育行政消失，使統一後的德國存留良好的教育制度。

貳、現況

九〇年代的德國，為避免現代的機械文明造成幼兒的空間被限制、時間被分割，破壞了幼兒的童年，因而反對包裝教育，而又開始主張兒童本位教育，強調情境教學和從幼兒生活經驗出發的全人（Whole Child）教育，以及發展幼兒社會互動和解決問題的能力。

德國幼兒教育重視社會行為的學習、聽與說的能力、美勞、音樂、律動、體育活動及具體事物的接觸。

德國的教育權限在各邦中，學前教育屬於社會教育的範疇，隸屬少年局（Jugendamt）主管，遵循「青少年福利法」。因為德國的學前教育不屬於義務教育，故家長需自己負擔學前教育的學費，而學費則依家長收入、家庭狀況及子女數而定。

一、兒童教保機構

德國的學前教保機構有幼稚園、托嬰所（Krippen）、課後托育中心（Hort）、日間媽媽（爸爸）（Tagesmutter oder Tagesvater）。

(一)幼稚園

招收三到六歲幼兒，以半天教保為原則，每週上課五天，具教育及保育雙重功能，以促進幼兒身心發展及培養團體生活能力為目標。德國幼稚園大多採混齡教學及開放、自由的角落規畫，將教室佈置成像家一樣。大部分幼稚園，每班二十至二十五位幼兒，最少一位教師，另外可能安排幼護師或實習老師。而完整的幼稚園裏，每班會有一位身心殘障的幼兒，這位幼兒每週有固定的時間接受特教教師的個別輔導。

(二)托嬰所

照護〇到三歲的嬰幼兒，提供半天或全天的保育服務，大多為私立機構。

(三)課後托育中心

收受六至十二歲兒童，進行課後輔導，因為德國全日的教保機構較少，上托育中心的孩童大多來自雙薪家庭，類似台灣的安親班。

㈣日間媽媽（爸爸）

　　日間媽媽（爸爸）除照顧的自己孩子外，再幫別人照顧一個幼童，類似台灣的保母，必須接受短期訓練才可擔任。

二、學前教育人員

　　在德國的社會，幼教老師的地位和薪資都不高，公私立的情形都一樣，所以很少有男性願意擔任幼教師。

　　德國的學前教育人員主要有二類，一是教師（Erzieher／in），另一則為幼護師（Kinderpfleger／in），類似助理教師的性質。德國學前教育的合格老師是畢業自幼師培訓學校，修習二年的理論課程，加上一年的實習，工作地點除了幼保機構外，尚可依在校的學習重點而選擇其他社會工作。而幼護師也是接受二年理論課程及一年實習課而取得資格，但幼護師的理論課程較不嚴格，在幼兒教育機構只能擔任輔助教師的角色。

參、發展趨勢

　　德國主張家庭是個人性格養成的主要場所，學前教育機構是家庭教育的補充，十分強調親師間的合作，以全人教育為教保原則。現今德國幼兒教保的發展趨勢為：

㈠重視家庭與親職教育，強調學前教育的成功須要家庭與學校的相互配合。

㈡尊重幼兒的獨特性及其次文化，以發展全人為目標。

㈢注重社會行為、表達能力、創造力、適應力與責任感的培

養。

㈣推展身心障礙幼兒的早期介入。

㈤採用混齡編班，將教室佈置得像家一樣地溫馨，規畫學習
　區，強調遊戲中學習。

㈥摒除包裝或分割的教育，主張提供自由空間與時間的機會，
　讓幼兒以自己的方式及速度成就自己的生命文化。

第四節　美國

重視獨立與自主的培養及人權的尊重

🔄 美國尼加拉瓜大瀑布

　　美國非常重視幼兒教育的施行，認為幼兒是國家重要的資

源，每年投資大量經費和人力為下一代的教育努力。美國的幼兒教育哲學深受歐洲柯門紐斯、盧梭、斐斯塔洛齊、福祿貝爾、蒙特梭利和皮亞傑等教育學者的影響，之後加上本土教育者杜威與克伯屈（W.H. Kilpatrick）等人的學說，形成多樣化的幼教特色。不過各式的幼教型態都重視幼兒健康與衛生的教育、獨立與自主的培養、人權的尊重以及開放、創造、生活化的教學。

壹、幼兒教保發展簡史

十七世紀，歐洲移民抵達美國時，即設立學校並要求六歲以下的幼兒要上學；但當時許多大人認為六歲以下的幼兒應留在父母身邊，所以為幼兒設置的機構並不發達。

工業革命使婦女走向工廠，家中的幼兒需要托養的機構，美國第一所托兒所（Day Care）於西元一八五四年在紐約的兒童保育醫院內成立，招收年齡從嬰兒開始，對象為工人的子女，因為社經地位中上的家庭有傭人照護。

美國史上第一所幼稚園，是福祿貝爾的學生卡蘿・休茲（Carl Schurz）夫人移民美國後，為了保留德國的文化，於西元一八五五年在威斯康辛州的水城（Watertown）開創的一所德語幼稚園，給自己和鄰居的孩子就讀。

在一個偶然的機會，畢保德（Elizabeth Peabody）女士與休茲夫人相識，進而了解了福氏的教育理念，深受感動，於一八六〇年在波士頓成立了美國第一所英語幼稚園。畢保德女士

一生致力推廣福氏教育，甚至親自到歐洲請教福祿貝爾的夫人，使美國的福祿貝爾幼稚園盛行。

西元一八七三年，在布勞（Susan Blow）女士與督學哈瑞斯（W.T. Harris）先生的努力下，於聖路易斯城（St. Louis）設立美國第一所公立幼稚園，教育內容以福祿貝爾教學法為主。

一八九〇年以後，美國進步主義的教育學家抨擊福氏的抽象教育哲學及恩物的操作，使福氏的教學被修改，同時，幼兒教育的課程轉變為著重與生活經驗結合的教學內容，並重視開放的學習空間與活動時間。

美國政府於一九一二年成立「兒童局」，鼓勵有三歲以下幼兒的母親能辭去工作，返回家庭與幼兒作伴。

一九二〇年開始，美國因為經濟不景氣而影響幼稚園的發展，所幸心理學的研究證明了早期教育的重要，使許多州政府仍支持幼兒教育的實施。之後，英國的麥克米倫姊妹帶領老師到美國介紹她們的保育學校，使美國於一九二二年起陸續設置保育學校，增加了接受教保的幼兒人數，但一九三〇年的經濟大蕭條，保育學校也受到波及，聯邦政府連忙提供經費支持，保障了幼兒受教保的機會。

在布勞女士和許多熱心幼教的人士努力奔走下，幼稚園於一九三五年成為教育體系的一部分，公立小學開始附設幼稚園。

二次大戰期間，美國政府為了使更多婦女安心投入戰場的工作，於一九四一年頒佈仁漢方案（Lanham Act），由政府編列經費協助國防工業中心成立托兒所，提供幼兒教保的功能。

戰爭結束後，聯邦政府取消對保育學校的經費支持並刪除仁漢方案，致使托兒所轉由地方政府或慈善團體負責，而保育學校轉變為許多不同教學型態的學校。

美國在六〇年代發覺貧窮是循環不已的，為破除這種貧窮的循環，聯邦政府於一九六五年實行「起頭教育方案」（Project Head Start），為低收入家庭的幼兒進行「補償教育」，以提升這些幼兒的學習機會與成就。這個方案原本是一個收受四至五歲幼兒的暑期活動，但發現參加此計畫的幼兒與沒參加的幼兒產生的差距僅維持六個月而已，便將此方案改變為一年的教育活動。

因為不少人懷疑「起頭教育方案」的效果，而且想改善其缺失，於是在一九六八年提出「續接方案」（Project Follow Through），以低收入家庭幼稚園到小學三年級的兒童為對象，讓孩童分組接受所設計的二十多種教學模式，長期觀察與研究，發覺參加續接方案的兒童，不論接受何種教學模式，都比未接受此方案的低收入家庭孩童有較好的學業成就和人際互動。因為此方案喚起了社會大眾對學前教育的重視，教育署於一九六九年成立兒童發展部（Office of Child Development）。

一九七四年，世界幼兒教育機構大會在美國阿拉斯加召開，各國專家都主張幼兒教育機構須加強與社會的聯絡，且應由教師、父母與社會共同協助幼兒融入社會。

美國政府除對環境不利幼兒的學習狀況關心外，亦對特殊兒童關懷至深，於一九七五年頒佈殘障教育法案（The Education of the Handicapped Act），內容為三到十二歲的特殊兒童

有權接受免費的公立教育及相關服務。

美國提供五歲幼兒免費的幼稚園教育，於一九八五年成為全國的教育制度。

西元一九九一年，以明尼蘇達州為主的數州聯合推動全人教育（Whole Child Education），強調學前教育提供的課程應轉型為以學習者為中心的統合課程（Integrative Curriculum）。

美國教育部於一九九五年六月，以學前幼兒到小學六年級學童為對象，提倡一個家庭參與的「暑期及時讀寫」活動（Read Write Now），呼籲家長利用暑假和孩子進行每週一至二次、每次二十分鐘的語文活動，例如一同上圖書館、唸書給孩子聽或舉辦家庭讀書會等，期許以這樣的方式增進孩童讀寫的能力。

美國柯林頓總統於一九九七年的四月和十月，在白宮分別舉行「嬰幼兒發展與學習研究會」及「兒童照顧研討會」等二次會議，決議提高對嬰幼兒照護的經費，設立幼兒學習基金（Early Learning Fund），以提升嬰幼兒教保的品質，給與嬰幼兒最好的照顧。

貳、現況

根據美國的全國幼兒教育協會（National Association for the Education of Young Children，簡稱 NAEYC）的建議，三到六歲幼兒每班人數二十人以下，師生比為一比十以下，課程內容應配合幼兒的年齡發展和個別差異。對於不同的師資角色有

不同的要求，幼稚園、保育學校和托兒所教師應完成大學以上專業和實習課程，或是獲取教師證書；助理教師則最少應獲取教師證書；而托兒所保育員（caregiver）只須接受過專業訓練，不一定要擁有教師證書或教學執照。

美國採各州自治，學前機構歸屬於各地方政府主管，由於各州法規略為不同，所以對於招收年齡、收費標準、設備建築、教師資格的要求亦有些許的差異。

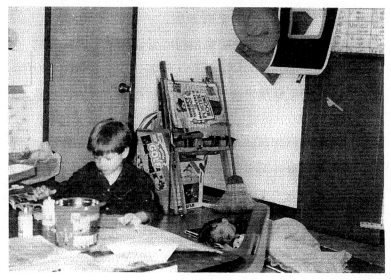

⊖ 好牧人托兒所（Good Shepherd Day Care Center）內幼兒午休情形

現今美國的學前教育有二十多種教學模式，但教學方向都趨向於邀請家長參與、注重觀察與操作、活動型態多樣性與全人（Whole Chlid）的培育。以下為美國常見的學前教育機構：

(一)幼稚園（Kindergarten）

教育的基本目標是協助幼兒從家庭生活適應學校生活，進而與小學教育銜接，由於大部分幼稚園附設於公立小學，現今有幼稚園與小學低年級課程統合的趨勢。因為美國無全國的課程標準，各州自行擬定，但都以培養「全人」為依歸。

大多數幼稚園為半天制，招收五至六歲的幼兒，免費，但非義務教育。

(二)保育學校（Nursery School）

各州的情形略有不同，有些州的保育學校隸屬教育體系管轄，有些則由社會福利系統主管。保育學校兼具教育及保育的功能，但被視為家庭教育的補充，所以保育學校極重視親職教育。保育學校收受三至四歲的幼兒，大多數為半天制，有些學校稱為學前學校（Preschool）。

(三)托兒所（Day Care, Day Care Center 或 Day Nursery）

以保護為主要功能，強調以遊戲的方式探索周遭、發展認知。通常為全日制，招收二至六歲的幼兒，師生比於幼兒二至三歲時為一比七以下，三至六歲為一比十以下。

(四)其他托兒方式

美國學前教保的型態除了上述的機構，常見的尚有家庭保母式托育、家庭式托兒所（以自家住宅為托兒地點）、父母合作托兒中心（由父母組成，每人皆須安排時段參與教學）等。

參、發展趨勢

　　美國是極重視人權的國家，近年來十分重視學前教保，曾表示愈一流的國家，愈了解幼兒教保的重要。美國關懷所有狀況及背景的幼兒，強調任何的幼兒都有受高品質教保的權益，而今其幼兒教保的發展趨勢為：

㈠增加學前教育的經費補助，提升幼兒教保品質。

㈡尊重幼兒的個別性與文化差異。

㈢重視環境不利幼兒的教保，擴展「起頭教育」（Head Start）和「提早起頭教育」（Early Head Start）計畫，讓貧寒家庭幼兒也能接受高品質的教保。

㈣推動「融合教育」（Inclusive Education），讓身心障礙幼兒能與一般幼兒共同受教，提高特殊兒童的學習效果。

㈤提高學前教保機構教師的學歷，重視教師施行的教保品質。

㈥降低師生比例。

㈦注重幼兒社會、情緒與語文的發展，並以施行全人教育為宗旨。

㈧提倡統整式教學，加強幼兒提問題、解決問題、呈現結果以及讀和寫的能力。

㈨強調以自然的銜接方式讓幼兒適應小學生活。

㈩重視學前教保的評鑑。

第五節　俄羅斯聯邦

第一個成立國家學前教育機構的國家

蘇聯於西元一九九一年解體，獨立出許多共和國，其中最重要的是「俄羅斯蘇維埃聯邦社會主義共和國」，簡稱為「俄羅斯聯邦」。俄羅斯聯邦自早期就體認今日的兒童將成為明日國家的公民或領導者，因而十分重視幼兒教保，是第一個成立國家學前教育機構，為專門化的研究機構——學前教育科學研究所（Scientific Research Institute of Preschool Education）的國家。

⊙ 俄羅斯紅場廣場

壹、幼兒教保發展簡史

　　一九一七年十月革命前，蘇俄的學前教育就已受到注意，俄國於一八六六年在彼德堡設置第一批幼稚園。俄國學前教育學的創始人柯魯斯卡亞（N. K. Krupskaia）主張社會不僅要供給兒童生存的環境，也要提供能促使兒童完全發展的一切事物。一九○三年，蘇俄的社會民主工人黨（Russian Social Democratic Workers Party）在第二次大會中，提出有關保護嬰兒及其母親的議題，致使工黨將學前教育的發展列為其中的工作計畫。但是此時學前教育機構少、收費高，只有特權階級的子女才有可能就讀。

　　蘇俄十月革命（一九一七年）後成立幼兒教育理事會，辦理幼兒教育的事項，並且使蘇俄成為世界上第一個創辦國家學前教育系統的國家，讓公立學前教育系統與家庭教育結合。同年十一月，蘇俄政府公佈「建立國家教育委員會」（On the Establishment of the State Commission on Education）令，將學前教育正式納入國民教育系統內。十二月，人民教育委員會（People's Commissariat of Education）發表「論學前教育」（On Preschool Education）宣言，強調幼兒自出生後的前幾個月開始接受教育的重要性。

　　俄國政府在一九一八年開始，陸續在各地開辦學前教育講習班或在高等學校設立學前教育系，以培育幼兒教育的師資。

　　一九一九年，俄國政府為迎合職業婦女的需要，設置學前

教育機構，並成立「保護兒童委員會」，同年，共產黨第八屆大會決定了學前教育的目標與任務，並視學前教育為「學校教育的基礎」，主張各種學前教育計畫應根據幼兒的年齡，實施促進綜合性發展及共產教育的課程內容。

一九四〇年到六〇年代，俄國的教育科學院學前教育部的研究人員經學理與實務的研究，提出了下列的結論：一個人心理與道德的發展基礎，在三、四歲時即已確立，而且，學前兒童具有高度的審美發展潛力，而此潛力可經由教育而發展成藝術能力。由此，蘇俄政府更加重視學前教育的實施；不過即使他們認同幼兒愈早學習進步愈快且愈能精熟所學的知能，但他們反對密集的注入式課程，而重視幼兒的和諧發展。此外，蘇俄的學前教育內容強調共產主義道德的培養，為將來成為共產黨員作準備。

於一九五九年時，蘇俄當局為確保學前教育機構進一步發展，並改良學前幼兒的社會養護及醫療措施，而發展一種新的學前教育機構，把招收三至七歲的幼稚園與招收二個月到三歲的托兒所（yasli）結合而形成托兒園（the combined day-care nursery and kindergarten），除了解決二者教育銜接的問題，亦將學前教育開始年齡由三歲降至二個月。

一九六二年頒佈「幼兒教育大綱」，說明二個月到七歲幼兒的教保工作內容。

俄國政府於一九七〇年召開全蘇學術討論會議，探討幼稚園與小學銜接的教育問題。

一九七五年，蘇俄政府為提升學前教育師資而擴大訓練計

畫，俾使學前教育的品質因師資改良而提升。

蘇俄於一九八一年又再大力推動學前教育的發展，鼓勵擁有一歲以下幼兒的母親能暫停工作，前往學前教育機構協助，這些婦女可享有留職停薪和附加待遇的優惠；而一歲以上幼兒的母親則無此優待，但可以申請減少工時，以盡好教養幼兒的工作。

一九八四年，小學的入學年齡從七歲改為六歲，幼稚園（detski sad）的招收年齡由三至七歲變成三到六歲，六歲以上為免費的義務教育，義務教育共達十一年。

俄羅斯第一所私立幼稚園於一九九一年設立，需要收費，至今，這樣的機構不多。

貳、現況

俄羅斯專業教育研究機構證明學前教保對人格的養成具有重大影響力，此外，列寧曾表示幼稚園及托兒所為「共產主義的嫩芽」，並且認為學前教育機構的設立可以解放婦女，讓婦女外出工作，便能破除社會上男女不平等的社會價值觀。種種情形都使學前教保受到重視。

俄國雖然十分重視學前教保，亦給與幼兒教保機構經費補助，但家長仍須負擔學費，學費會因家長收入、家中子女數及幼兒上課時數而不同，家庭特殊的幼兒可以免費就讀。俄羅斯幼兒教育機構配合父母的需要，型態十分多元，有半日制、全日制、寄宿制、週末制及季節制。

俄羅斯政府認為家長的態度會影響學前教育的品質，故提供父母有關學前教育的活動並舉辦演講，同時鼓勵家長參與幼保機構的工作或活動，以提高父母親的教保水準，及增進親師間的契合度。

　　俄國政府明白早期療育的成效，所以要求所有在學前教育機構的五歲以下幼兒都須接受檢查，若發現有異常者，則送往特殊幼稚園受教，期望幼兒在上小學前，最晚到九歲，能回到正常班學習。

　　俄羅斯主要的學前教育機構有幼稚園、托兒所和托幼園，都採年齡分組教學。幼稚園和托兒所的教師和助理教師都須先通過語言訓練，而教師尚須修過兒童心理學和學習理論。

㈠托兒所

　　招收二個月到三歲的幼兒，未滿二歲幼兒的保育工作由受過醫學教育的護士負責。托兒所的課程內容主要是音樂訓練、遊戲、語言發展和認識環境。

㈡幼稚園

　　招收三歲到六歲的幼兒，每班為十二至十五人。幼稚園的課程重點為藝術、遊戲和體育，此外，也十分重視生活習慣、衛生習慣、禮貌與愛國心的培養、認識環境、音樂訓練、語言發展及文學、計數、自然、工作等科目。近來更將輔導理念融入教學中，以期培育心理健全的下一代。

㈢托幼園

　　為托兒所和幼稚園的結合，招收二個月到六歲的幼兒，設立目的是要以單一機構來負責培育幼兒的全人教育。目前，托

幼園是俄國最常見的公立學前教育機構。

參、發展趨勢

　　俄羅斯雖重視幼兒的教保，但亦強調父母的生產力，使得學前教保的設立型態會配合父母的工作需要，即使如此，俄羅斯仍認為完整的幼兒教保工作是父母和教師共同實施的。目前俄羅斯的發展趨勢為：

㈠配合父母投入生產勞動的時間，產生多元教保時間的學前教保機構。

㈡強調特殊兒童的早期發現、早期治療，之後回歸一般班級。

㈢為家長舉辦幼兒教保的演講或活動，鼓勵參與教保機構的工作或活動，並加強親師的溝通。

㈣注重幼兒的文化及藝術課程、勞動訓練與道德教育。

㈤支持學前教育的專業研究，增加對幼兒教育機構的經費補助。

㈥主張教師研修心理輔導的課程，並將輔導的工作應用於教學中。

第六節　日本

幼兒教保持續符合時代性

　　日本明治維新時期把教育當成促進國家現代化的最主要手

⊙ 日本富士山

段，陸續派遣官員和學者到歐美各國訪視其教育制度；但日本
體認幼兒教育的重要是要等到二次大戰之後。日本的幼兒教育
一直配合著社會環境的改變而屢次修訂，讓日本的幼兒教保持
續符合時代性。

壹、幼兒教保發展簡史

一、江戶時代（西元 1603-1867 年）

　　日本江戶時代的後半期，民生疾苦，對於幼小子女無力養
育，社會便流行起墮胎或殺子的事件。加上當時英、俄外強入
侵，許多幼兒因戰爭而無人照護。農政學者佐藤信淵有感於幼
兒是國家生命傳承的基礎，為禁止墮胎和殺子的行為，提出設
置照料四歲以下幼兒的「慈育館」和照顧四至八歲幼兒的「遊

兒廠」之構想，可惜此建議未獲實現。

二、明治時期（西元 1868-1911 年）

　　明治維新時期，日本有感建立教育制度的必要，於明治四年（西元一八七一年）設立文部省，隔年（明治五年，一八七二年）頒佈「學制」，在小學令中，條列可以設置「幼稚小學」，收受六歲前的幼兒，但並無專屬學前教育的法規。

　　日本事務官近藤真琴於明治六年（一八七三年）受派到維也納出席萬國博覽會，因參觀展示幼兒教育內容的「童子館」，返國後，於明治八年（一八七五年）發表了「博覽會見聞錄別記──子育卷」，使西方的幼兒觀──幼兒需要具體的教材操作，而且快樂遊戲是學習知識、技能最好的方法，獲得日本人的認同。

　　日本在明治七年（一八七四年）將「兒童花園」（Kindergarten）翻譯成「幼稚園」，並於明治八年（一八七五年）在京都開辦類似幼稚園的「幼兒遊嬉場」。明治九年（一八七六年），日本第一所正式幼稚園成立，是附設於東京女子師範學校中的公立幼稚園，收容三到六歲的幼兒，每天在園四小時，依年齡分班，每班約四十人，保育內容以福祿貝爾恩物為主。

　　明治二十二年（一八八九年），日本政府才開始制訂幼稚園規則和教育目標，但隨著幼稚園數目的增加，這法規逐漸不合使用。

　　明治二十三年（一八九〇年），新瀉縣的赤澤夫妻開設一所學園，園中貧苦的孩子都帶家中的弟妹到校照顧，無法專心

上課，所以赤澤夫婦便設立托兒機構，免費照料和教育這些幼小的孩子。這托兒的機構便成為日本的第一個托兒所。

隨著婦女外出工作的人數增加，幼稚園的數目與日俱增，加上原有的法令不適合現況，明治三十二年（一八九九年）時，頒佈幼稚園單行的法規——「幼稚園保育及設備規程」，其中明訂了幼稚園的招收年齡、人數、保育時間、內容及設備標準。次年，小學令修訂，准許小學附設幼稚園，使幼稚園確立成為正規學校的體系。

🔵 東京淑德幼稚園幼兒戶外玩耍的時間

三、大正時期（西元 1911-1926 年）

一次大戰之後，日本又發生暴動，日本政府為減少社會的不安及照顧職業婦女的幼兒，設立了許多托兒所。

在大正時期，日本的幼稚園發展迅速，文部省配合當時環境的需要，讓幼稚園從學校行政獨立出來，不再受限於小學

令，以提升學前教保的品質，於是在大正十五年（一九二六年）頒佈「幼稚園法」及其施行細則。

四、昭和時期（西元 1926-1945 年）

昭和八年（一九三四年），日本因受推崇美國進步主義的倉橋惣三先生所出版《幼稚園保育法真諦》一書的影響，使日本的幼兒教育棄福氏恩物而趨向自發學習的開放教育。

二次世界大戰爆發，日本的學前教育受到嚴重影響，毫無發展。

五、二次大戰後

戰後的日本，以紮根幼兒教育為復國的主要手段，實施民主化教育。西元一九四七年，日本通過「學校教育法」，讓幼稚園納入學校體制，歸文部省管轄；同年亦公佈「兒童福利法」，制訂了托兒所的任務，厚生部為主管機構，此二個法令使日本的學前教育制度分成了幼稚園和托兒所兩部分。

西元一九四八年，日本通過「幼兒教育標準」（The Standard of Early Childhood Education：A Guide to Early Childhood Education），但於一九五六年廢止，另行制訂「幼稚園教育要領」（The Guidelines for Kindergarten Education），將幼稚園的教育內容分成健康、社會、自然、語言、美勞和音樂律動等六個課程領域，要求活動設計應考量幼兒的年齡、教學時間、地區條件與國家節日，期許教保活動與幼兒的生活結合，擴充幼兒經驗，並與小學教育銜接。

文部省於一九六四年開始「幼兒教育七年計畫」，以提高幼兒入園的就讀率為目標；一九七二年又頒定「振興幼兒教育十年計畫」，目標為四歲以上幼兒全部入園，而所編列的預算之大是日本教育史上的創舉，雖然後來沒達到設定的目標，卻讓日本幼教躍居於世界幼教先進之列。

日本於一九八五年召開「日、美、歐幼兒教育和保育會議」，會中呼籲幼兒教育的發展應修正太過於強調智力開發的偏頗，而應注重全面性的發展。

隨著時代的演進，日本嬰兒的出生率逐年下滑，各學前機構為了招生而標榜各式特色，使日本幼教內容或型態變為多元，但也出現複雜分歧的教育觀點，文部省針對環境的改變，於一九八九年修改幼稚園教育要領，成為「新幼稚園教育要領」。文部省於一九九一年配合時代需要，修訂了學校教育法。

日本政府為了增加學童與家庭和社區互動的機會，於西元一九九二年，實施幼稚園到高中的教育機構隔週休二日。

貳、現況

日本的義務教育從六歲開始，儘管學前教育不歸屬於義務教育的範圍，但日本政府十分重視幼兒的教育，補貼子女就讀私立幼稚園的家庭。日本的幼兒教育課程劃分為健康、人際關係、環境、語言、表現等五個領域，重視個別差異、社會互動與幼小銜接，強調以遊戲的方式進行活動，以培育各方面發展

皆均衡的人格為目標。

　　由於日本公立幼稚園和托兒所師資的待遇極佳，以致合格
的師資較不願意待在私立機構，使得很多私校的師資是不符合
標準的。

一、幼稚園

　　日本幼稚園以「學校教育法」為依循的法律依據，主管機
關為文部省，招收對象為三到六歲的幼兒，以提供教育為主要
功能，為促進幼兒身心發展為目標。由於幼稚園教育不屬於義
務教育，家長必須負擔學費。

　　日本大部分的幼稚園只提供半天的學習活動，時間通常為
上午九點到十一點半，所以幼稚園不提供點心和午餐，不過，
有的幼稚園為了讓幼兒體會團體用餐的經驗，一星期會安排二
天在園裏用餐。此外，日本大部分的幼稚園不提供娃娃車，有
些幼稚園甚至以幼兒家到幼稚園為徒步可達的距離當作入園的
標準。

　　幼稚園的教師資格分成「專修」、「一種」、「二種」等
三類：

㈠「專修」資格的老師：是相關科系的研究所畢業，並取得免
　許狀。

㈡「一種」資格的教師：是大學相關科系畢業、大學非相關科
　系畢業但修畢幼稚園教育學分，或是參加養成機關的培育而
　取得資格，並取得免許狀。

㈢「二種」資格的教師：是二年制大學相關科系畢業，或是參

加養成機關的培育，並取得免許狀。

二、托兒所

托兒所以「兒童福利法」為法律依據，歸厚生部管轄，招收六歲以下的幼兒，設立的目的是保育在家無法獲得照顧的幼兒，因為這些幼兒的家長都在工作或是參加社區活動，所以托兒所一天的保育時間比幼稚園長，通常為七小時半到十一小時。至於學費則由家長自行負擔，低收入家庭可以免除部分學費，而接受救濟的家庭則免費。

托兒所的教保偏向保育，不過三歲至六歲幼兒的教保原則與內容會參考「幼稚園教育要領」，提供半天類似幼稚園的課程，另外半天則代替家庭施行保育工作；但對於三歲以下的幼兒，則根據「托兒所保育指針」，重點放於安全照顧、提供感官經驗及語言表達的培養。

托兒所非常強調環境的衛生與均衡的營養，每間托兒所都必須安置一位營養師為幼兒設計菜單，而所裏每個月檢查幼兒的糞便，以確保幼兒的飲食與健康。

托兒所的保育員資格是至少須修習過托兒所師資培訓課程。

三、托嬰家庭

由於日本職業婦女人數增加，托兒所不敷需求，勞動省遂推出「家庭支援制度」（Family Support System），在人口多於五萬人的地區，地方政府可以申請設置「家庭支援中心」

（Family Support Center），讓有托兒需求的家庭與可協助照護幼兒的家庭登記，而中心負責聯繫與撮合，並提供諮詢服務。

參、發展趨勢

　　日本以往十分重視學業成就，儘管在幼兒階段，幼兒教保的重點仍是培育能上明星學校的孩子。但近年來，由於日本學生多年來在世界的成績表現優異，因而許多幼兒園認為日本的孩子本身就已具備足夠的學科學習能力，便將教保重心跳脫課業的競爭，而轉為強調社會行為的培養，以學會與大團體合作為教育目標，為適應將來的社會潮流。日本目前的發展趨勢為：

㈠提高師生比例，減低幼兒對教師的依賴，增加幼兒間溝通、分享與分權合作的機會，強調合群，輪流擔任領導者，學習如何融入團體生活。

㈡加強生活自理、面對衝突與解決問題的能力。

㈢尊重個別差異，強調適性發展。

㈣透過遊戲進行課程，注重具體經驗的取得。

㈤注重環境教育，培養欣賞、感動、愛惜環境的心。

㈥重視與家庭的連繫，父母親與教師共同協助幼兒的發展。

㈦重視幼稚園與小學教育的銜接。

第七節　各國幼兒教保的發展趨勢

　　幼兒是人類的希望，如何點燃希望之火、打造希望工程，就仰視其所接受的教保品質。我國注重幼兒教保實施的起步較晚，在以本土經驗為考量重點之時，可以參考各國教保施行的情形，以兼備我國民情與世界潮流，為幼兒開創更完善的成長環境，豐富其生命文化，展現生命色彩。

　　綜合各國的發展簡史與現況，可以歸納出各國教保潮流的共同走向：

㈠體認幼兒教保的重要，提高投資學前教保的經費。

㈡採取混齡編班或編組，將教室規畫為若干個學習區，以遊戲的方式進行活動，強調具體經驗的給與，採用尊重幼兒能力與興趣、以幼兒為學習主體的發現學習。

㈢尊重幼兒的獨特性，無固定一致的課程，強調適性發展，以發展全人（Whole Child）為目標。

㈣加強幼兒安全、衛生與福利的工作。

㈤提升教師任用資格及專業知能。

㈥重視環境不利和身心障礙幼兒的學前教保，以達教育機會的均等。

㈦注重幼兒學會如何學習，加強語文、情緒、社會行為、想像、創造、面對衝突與解決問題的能力。

㈧重視與家庭的連繫，親師合作，並與社區共同協助幼兒發展。

㈨施行環境教育，培養關心環境、欣賞環境、感謝環境和尊重環境的心。

㈩加強幼小教育的銜接，主張以自然的方式讓幼兒過渡到小學的學習方式。

2 我國教保概況及發展趨勢

第一節　我國幼兒教保的概況

思想起

壹、發展簡史

我國近代幼教發展的歷史可由中國和台灣二方面探討：

一、中國部分

(一)民國前

清朝末年，時常遭受外敵的侵凌，因而引發維新的熱潮，教育也在變革的行列中。光緒二十九年（一九〇三年）張百熙、張之洞、榮慶等人修訂「奏訂學堂章程」，因而設立蒙養院，設置宗旨為輔助家庭教育，每日授課不得超過四小時。幼兒入院年齡為三至七歲，由女子師範生擔任保母一職，其課程主要為遊戲、歌謠、談話與手技四項。因師資不足，於是將「蒙養院」附屬於各省府、廳、州、縣或較大市鎮的「育嬰堂」或「敬節堂」等慈善機構內，經費由該堂等開支，並且訓練堂中的乳母充當保母，由於師資的素質欠佳，施行的效果自然不理想。

光緒三十年（一九〇四年）中國第一所幼稚園在湖北設置，重養不重學，以涵養品格、輔導知能，為進小學奠定基礎為宗旨。

光緒三十三年（一九〇七年）吳朱哲女士從日本保母養成所學成歸國，在上海創辦保母傳習所，培育保母師資，此時，全國各地已有多所蒙養院了。

民國前的教保方式和內容多抄襲自日本，師資及教材亦仰賴日本。雖然當時也有基督教會辦理的幼稚園，唱歌和遊戲的教材多由西文翻譯而得，因為內容與中國民風相距甚遠，一時未受政府重視。

㈡民國元年到三十八年

民國元年（一九一二年），國民政府教育部規定設立「蒙養園」，其為六歲以下幼兒的教育機構，不再附設於慈善機構。

民國五年，中國的教育法令中首次出現「幼稚園」的名稱。

五四運動（民國八年）後，杜威（John Dewey 1859～1952）及羅素（Bertrand Russell 1872～1970）兩位西方教育家先後訪華講學，帶來民主的思想及尊重幼兒個性的觀念，使中國的幼稚教育邁入新階段，由學習日本轉為模仿歐美。

教育部於民國十一年公佈實施新學制，稱為「壬戌學制」，將蒙養園改名為「幼稚園」，並規定幼稚園收受六歲以下的幼兒，設置於小學之下，自此，幼稚園才有了學制上的地位。

中國第一所實驗幼稚園──「鼓樓幼稚園」於民國十二年在南京設立。

「幼稚園暫行課程標準」在民國十八年頒佈，二十一年正式公佈「幼稚園課程標準」，為最早的幼稚園教育課程標準，其內容為制定針對中國兒童的教育目標、方法與課程範圍，掃除了過往對日本或西洋教材的依賴。托兒所也在此年設立，為托兒所教保工作的萌芽期。

七七事變（民國二十六年），許多婦女投入戰場，政府增設托兒所，代為照顧幼小的子女。

民國二十八年，教育部首次公佈「幼稚園規程」，為幼教史上的重要法令。

中國第一所公立師範學校於民國二十九年，在江西省成立，培育幼教師資，第一任校長為陳鶴琴。

教育部於民國三十二年，修正「幼稚園規程」而頒佈「幼

稚園設置辦法」，作為設立幼稚園的準則，其中提及幼稚園可以附設於中、小學或單獨設立。

民國三十八年國民政府遷台，中國由共產黨執政，成立「中華人民共和國」。

□民國三十八年至今

民國三十八年十二月，大陸政府於全國教育工作會議中表示，中國的幼教反對崇洋，展開全面對蘇聯幼教理論及經驗的學習，並提出新中國的幼教機構以勞動子女為優先對象。

中共當局為了與「中華民國」劃清界線，民國四十年時，政務院將「幼稚園」改名為「幼兒園」，並制定「幼兒園暫行規程」和「幼兒園暫行教學綱要」，明確訂定各年齡德、智、體、美的教、養目標，並規定幼兒園負有教育幼兒和便利母親工作、學習或生產勞動的任務，以全日制為原則，招收對象為三足歲至七足歲之幼兒。

民國四十年代，中共政府鼓勵工廠、企業單位、學校、機關團體開辦幼兒園，致使幼兒園數目激增，形式也趨於多元，有全日制、半日制、寄宿制、季節制、臨時制（白天及晚上）等幼兒園。而政府因應培育大量幼教師資，並進行幼教理論的實驗與研究。

民國四十七年起，幼兒園的教育重心放於思想品德教育和勞動教育，並延長收托時間。

文化大革命時（民國五十五至六十五年），幼教受到摧毀。革命結束之後，中共政府又重新重視幼教的質與量，於民國六十七年設置第一個中央級的幼兒教育研究室，六十九年制

訂頒佈「幼兒園教育綱要」，七十八年更新公佈「幼兒園工作規程」，將幼教重心置於人格的發展及幼兒的遊戲，七十九年發佈「幼兒園管理條例」。

民國八十二年「中國教師法」公佈，規定幼兒園教師必須具有幼兒師範學校以上（含）之畢業學歷，而托兒所（招收○至三歲）師資並無規定。

二、台灣部分

㈠清末至日據結束

清同治九年（西元一八七○年）清朝政府於台北淡水開辦「淡北育嬰堂」，使台灣開始有了家庭外的幼兒保育機構，但於日本據台第四年（西元一八九九年）宣告結束。

而台灣最早的幼兒機構創始於日本治台的第二年（西元一八九七年，光緒二十三年，明治三十年），地點位於台南的祀典武廟（俗稱關帝廟的六和堂）。這是台南蔡夢熊先生遊日本之後，因感動京都大阪的幼稚園而設置的，是台灣人為台灣幼兒所開辦的幼稚園，但由於創辦的概念來自於日本的教育制度，而一般台灣人對入侵的日本人反感，而且對「幼稚園」的機構性質感到陌生，關帝廟幼稚園只維持了二年多。

明治三十三年（西元一九○○年）日人開辦私立台北幼稚園，招收對象為在台的日本中等階層以上家庭之幼兒為原則。由於日本政府於一九○五年公佈幼稚園須由地方政府承辦之法規，台北幼稚園改為「公立」性質，卻於一九○六年停辦，但於一九○八年又以「私立」的性質復起，且居於幼教界的領導

地位，一直到一九四五年日本離台前。

　　西元一九二三年在台日本政府公佈台灣幼兒亦可上公立幼稚園，因而提高了台灣人對幼兒教育的接受度。而為援助農家農忙時候，一九二八年開始出現托兒所。

　　為了推行「同化」政策，在台日本政府於一九三六年開始設置「國語保育園」，以台灣幼兒為招收對象，實施國語（日語）訓練，造成幼稚園和托兒所也以學習國語為主要之教育目標。

(二)台灣光復至今

　　民國三十四年台灣光復，幼兒教育開始由「日式」過渡為「大陸式」。民國三十八年國民政府遷台。

　　教育部在民國四十二年，第三次修訂公佈「幼稚園課程標準」，修正的重點是將原有的目標「協助家庭教養幼稚兒童，並謀家庭教育的改進」，改為「啟發幼兒基本的生活知能」，而將課程分為「知能訓練」和「生活訓練」兩大類。

　　民國四十四年，台灣省政府頒佈「農忙托兒所設置辦法」，而內政部頒佈「托兒所設置辦法」。

　　民國四十五年，教育部通令要求台灣地區的幼稚教育機構都改稱為「幼稚園」。

　　教育部國民教育司鑑於社會對幼兒教育的重視與需要，於是在民國四十八年協助幼教工作者和專家學者成立「中國幼稚教育學會」，這是我國第一個幼教學術團體成立。

　　民國五十年頒佈「幼稚園暫行設備標準」，使幼稚園開始有購置設備的法律依據。

民國五十八年「幼稚園教師登記及檢定辦法」頒佈。

由於私立幼稚園蓬勃發展，教育部於民國六十一年根據「私立學校規程」，修正「幼稚園設置辦法」，輔導與管理私立幼稚園，以保障幼兒教保品質。

民國六十二年，總統公佈實施「兒童福利法」，為我國最早的兒童福利法，而內政部則頒佈「兒童福利法施行細則」及「托兒所設置標準」。

教育部在民國六十四年第四次修訂「幼稚園課程標準」，內容為幼稚教育總目標、課程範圍、實施通則及課程設計等四項，將課程範圍分為健康、音樂、工作、遊戲、語文（故事及歌謠）、常識（社會、自然和數）等六項。

民國六十八年內政部發行「托兒所教保手冊」，為托兒所活動設計的依據。

民國七十年十一月二十六日公佈「幼稚教育法」，為我國幼稚教育的法令依據，說明幼兒教育以促進兒童身心健全發展為宗旨，招收四至六歲的幼兒，每班不超過三十人。同年，內政部亦修正「托兒所設置標準」。而「幼稚教育法施行細則」則於民國七十二年頒佈，我國至今仍使用此教育法與施行細則。

民國七十三年，我國最早的「特殊教育法」公佈。

民國七十六年一月，公佈修訂「幼稚園課程標準」，其中劃分的課程領域仍為六大項，但此修訂特別強調以遊戲貫穿各領域課程。此課程標準為目前幼稚園課程設計的依據。

「幼稚園設備標準」於民國七十八年修訂，目前尚在沿

用。

　　民國八十二年修正並公佈實施「兒童福利法」，而「兒童福利法施行細則」則於八十三年發佈，為我國現行的兒童福利法及細則。

　　教育部於民國八十三年公佈中、小學暨幼稚園師資培育法，並於八十四年修改幼稚園園長和教師的任用資格。

　　內政部於八十四年頒佈「兒童福利專業人員資格要點」，調整兒童福利專業人員的資格，將托兒所中的「教師」職稱刪除，而實行保育的人員以「保育員」及「助理保育員」的名稱替代，同年七月並將托兒所納入勞基法適用行業。

　　民國八十六年，修定公佈「特殊教育法」。

　　「托兒所設置標準」自民國七十年修定後，直到民國八十七年才由台灣省府制定發佈新的托兒所設置標準與設立辦法。

　　民國八十八年廢省。同年，十一月二十日國際兒童人權日，在台中市黎明新村成立「兒童局」，設有托育服務、福利服務、保護重建及綜合規劃四個組，職掌下列業務：

　1.兒童福利法規及政策之研擬事項。

　2.地方兒童福利行政之監督及指導事項。

　3.兒童福利工作之研究及實驗事項。

　4.兒童福利事業之策畫與獎助及評鑑之規畫事項。

　5.兒童心理衛生及犯罪預防之計畫事項。

　6.特殊兒童輔導、重建之規畫事項。

　7.兒童福利事專人員之規畫訓練事項。

　8.兒童福利機構設置標準之審核事項。

9. 國際兒童福利業務之聯繫及合作事項。

10. 兒童之母語及母語文化教育事項。

11. 有關兒童福利法令之宣導及推廣事項。

12. 其他全國性兒童福利之策畫、委辦、督導及與家庭有關之兒童福利事項。

教育部於民國八十九年九月開始發放幼兒教育津貼，凡設籍台灣的任何縣市的五足歲幼兒都享有每學期五千元的「幼兒教育券」，方式為立案之私立幼稚園和托兒所於學期初造名冊，向縣市政府之教育局或社會局申請補助，每位學生之家長可折抵學費五千元。選擇公立或未立案之托兒所及幼稚園的家長則無法享受此項補助。

貳、現況

除了自家家庭之外，現今我國提供幼兒教保的主要機構為幼稚園與托兒所，但不少三歲以下幼兒的父母則選擇家庭式保母的教保。對於我國的幼稚園與托兒所，以下只簡略介紹，這部分將在第六篇作較完整詳盡的說明。

一、幼稚園

幼稚園隸屬教育部和各縣市教育局管轄，依循的法令為「幼稚教育法」，於民國七十年公佈。法令中陳述幼兒教育應以健康教育、生活教育與倫理教育為主，並與家庭教育配合，兼顧幼兒生理、社會、情緒、認知及道德等方面的發展，以培

育「完整兒童」為目標。其中亦說明幼稚園招收的對象為四足歲至入國民小學前的幼兒，每班不超過三十人。

目前幼稚園課程是依據七十六年教育部頒佈修訂的「幼稚園課程標準」，課程範圍劃分為健康、音樂、工作、遊戲、語文（故事及歌謠）、常識（社會、自然和數）等六項，以遊戲統整其他各領域。

當前我國的幼稚園教師資格已提升至學士學歷。

二、托兒所

我國托兒所成立於民國十八年，設立性質本為提供安置幼兒的場所，強調配合家庭與社會的需要，以促進幼兒身心健全發展並增進福祉為宗旨。而今，托養的功能降低，而轉為提供教育與保育的服務。主管機關為內政部及各縣市的社會局。

依據八十七年「托兒所設置辦法」中規定，托兒所分托嬰與托兒的業務，托嬰部收受一足月以上到未滿二歲的幼兒；而托兒部招收二足歲到六足歲以下的幼兒。托嬰部的師生比例為一比五以下，而托兒部為每十五到三十人，最少須聘一位保育員或助理保育員。保育員的要求是專科以上相關科別畢業，或經主管機關所辦之保育員專業訓練及格；而助理保育員的要求是高中職相關科別畢業，或經主管機關所辦之助理保育員專業訓練及格者。

⊖ 托兒所招收一足月以上，六足歲以下之幼兒

三、家庭式保母

　　幼兒年齡越小時，父母傾向於尋找家庭式保母代為教養，為保障保母提供的教保品質，欲擔任保母一職的人員必須先通過保母技術士的技能檢定。報考保母檢定的資格為年滿二十歲、身體健康、高中職以上幼保相關科別畢業者，或是接受各社政主管機關或認可之單位所辦理的相關訓練八十小時以上且持有證明者。

第二節　我國幼兒教保的發展趨勢

　　最近數年，教改的列車也開向幼兒教育，我國的學前教保燃起一片希望，雖然改革的速度不算快速，但由教育部於八十四年公佈的幼教白皮書，可一窺我國幼兒教保的發展趨勢：

(一)將修法降低幼兒受教年齡至三足歲，並利用國小空餘教室增設附幼，且在偏遠地區、離島設立幼稚園，提高幼兒就園率至百分之八十以上。

⊃ 多辦親子活動是我國幼兒教保的趨勢

(二)強化教師專業知能，預計於二十一世紀全面提高幼教師資至大學程度。

(三)增設公立國小附設幼稚園，擴大幼兒入園就學機會，並同時注重城鄉的幼兒教保品質。

(四)協調各縣市分區成立身心障礙幼兒教育班，提供學前特殊兒童教育的機會。

(五)設立幼保行政專責單位和專人，有效推展幼教工作。

㈥專款補助各縣市成立幼兒教育資源中心，輔導公私立教保機構充實設備，並辦理教師研習及親子活動，促進幼兒教育發展。

㈦增進幼稚園教師進修機會，激勵教師士氣。

㈧修訂專屬法令及設置標準，以保障幼兒之教保品質。

㈨加強幼稚園與國小教育之銜接，提高兒童生活適應和學習效果。

㈩研究及發展幼兒教育課程與教學之參考資源，充實教學內涵。

參考書籍

【英國部分】

中華民國比較教育學會主編（民 76）《學前教育比較研究》，頁 103-128；297-345。台北：臺灣書店。

沈珊珊（民84）英國學前教育問題探討——師資管道與小學互通，載於新幼教(4)，頁 23。

吳文侃、楊漢清主編（民 81）《比較教育學》，頁 347-368。台北：五南。

吳韻儀（民 88）各國競相培育未來主人翁，載於天下雜誌1999 教育特刊，頁 76-79。

段慧瑩（民 83）英國幼兒教育現況初探，載於教師天地(72)，頁 53-58。

許興仁（民 77）《新幼兒教育入門》，頁 275-278。台南：光華女中。

謝美慧（民 87）英國「幼兒教育券計畫」，載於比較教育(45)，頁 99-107。

簡明忠（民 76）《學前教育制度比較研究》，頁 74-108。高雄：復文。

簡紅珠、任秀媚（民 76）《各國幼兒教育》，頁 61-72。新竹：省立新竹師專幼稚教育中心。

【法國部分】

中華民國比較教育學會主編（民 76）《學前教育比較研究》，頁 131-191；297-345。台北：臺灣書店。

聿箴（民 86）塑造一個機制的教育生態——漫談德國、法國、比利時的教育制度，載於師友(372)，頁 30-32。

光佑文化事業公司主編（民 84）《歐洲幼教尋根之旅：奧、德、荷、法》。台北：光佑文化。

吳文侃、楊漢清主編（民 81）《比較教育學》，頁 347-368。台北：五南。

林貴美（民 82）法國近年的教育改革制度，載於臺灣教育(509)，頁 36-44。

林靜子（民 84）法國學前教育——協同社會、衛生、教育、心理服務，載於新幼教(4)，頁 23。

許興仁（民 77）《新幼兒教育入門》，頁 278-280。台南：光華女中。

簡明忠（民 76）《學前教育制度比較研究》，頁 109-129。高雄：復文。

【德國部分】

中華民國比較教育學會主編（民 76）《學前教育比較研究》，頁 197-228；297-345。台北：臺灣書店。

聿箴（民 86）塑造一個機制的教育生態——漫談德國、法國、比利時的教育制度，載於師友(372)，頁 30-32。

光佑文化事業公司主編（民84）《歐洲幼教尋根之旅：奧、
　　德、荷、法》。台北：光佑文化。

何慧敏（民83）德國學前教育初探──幼稚園現況分析，載
　　於家政教育(2)，頁10-25。

林玉体（民86）《西洋教育思想史》，頁509-516。台北：
　　三民。

周震歐等（民80）《兒童福利》，頁68-69。台北：巨流。

侯天麗（民84）德國學前教育──孩子是一個完整的人，載
　　於新幼教(4)，頁21-22。

許興仁（民77）《新幼兒教育入門》，頁272-274。台南：
　　光華女中。

【美國部分】

中華民國比較教育學會主編（民76）《學前教育比較研
　　究》，頁51-95。台北：臺灣書店。

吳文侃、楊漢清主編（民81）《比較教育學》，頁
　　347-368。台北：五南。

吳韻儀（民88）各國競相培育未來主人翁，載於天下雜誌
　　1999教育特刊，頁76-79。

林育瑋（民84）美國重新定位學前教育──教科書與紙筆？
　　載於新幼教(4)，頁20。

許興仁（民77）《新幼兒教育入門》，頁281-284。台南：
　　光華女中。

蔡秋桃（民79）美國幼兒教育之現況與發展趨勢，載於初等

教育學報(3)，頁 327-341。台南：台南師院初教系。

簡明忠（民76）《學前教育制度比較研究》，頁 27-73。高雄：復文。

簡紅珠、任秀媚（民76）《各國幼兒教育》，頁 75-92。新竹：省立新竹師專幼稚教育中心。

NAEYC（1984）Accreditation Criteria & Procedures of the National Academy of Early Childhood Programs. US: NAEYC.

網站：台灣幼兒教育 http://www.taiwanchild.org.tw/

美國暑期及時讀寫活動 http://www.houstoncul.org/ecs-dir/ecs/rwn.txt/

【俄羅斯部分】

中華民國比較教育學會主編（民76）學前教育比較研究，頁 281-293。台北：臺灣書店。

吳文侃、楊漢清主編（民81）《比較教育學》，頁 347-368。台北：五南。

鍾宜興（民86）俄羅斯普通教育課程綱要的演進，載於比較教育(43)，頁 44-52。

簡紅珠、任秀媚（民76）《各國幼兒教育》，頁 1-14。新竹：省立新竹師專幼稚教育中心。

【日本部分】

任慶儀（民 77）日本幼兒教育現況之探討，載於幼兒教育年
　　刊(2)，頁 155-174。

吳文侃、楊漢清主編（民 81）《比較教育學》，頁
　　347-368。台北：五南。

孫立葳（民 84）跳出課業競爭的日本幼兒園，載於新幼教
　　(7)，頁 28-30。

孫曉萍（民 88）日本托兒所比父母更用心，載於天下雜誌
　　1999 教育特刊，頁 224-227。

翁麗芳（民 84）日本幼兒教育——日本幼兒教育幼稚園強調
　　教育機能，載於新幼教(4)，頁 24。

莊貞銀（民 82）淺談日本幼稚教育的發展與現況，載於國教
　　月刊（39 卷 9.10 期），頁 35-38。

莊貞銀（民 83）日本保育所指南——保育指針概覽，載於國
　　教月刊（40 卷 9.10 期），頁 8-12。

許興仁（民 77）《新幼兒教育入門》，頁 284-287。台南：
　　光華女中。

葉連祺（民 85）日本中等以下學校師資檢覈之簡介，載於比
　　較教育(44)，頁 85-96。

簡紅珠、任秀媚（民 76）《各國幼兒教育》，頁 45-58。新
　　竹：省立新竹師專幼稚教育中心。

翁麗芳（民 87）《幼兒教育史》，頁 43-74。台北：心理。

【大陸部分】

中華民國比較教育學會主編（民 76）《學前教育比較研究》，頁 1-4。台北：臺灣書店。

吳文侃、楊漢清主編（民 81）《比較教育學》，頁 347-368。台北：五南。

翁麗芳（民 87）《幼兒教育史》，頁 137-158。台北：心理。

簡明忠（民 76）《學前教育制度比較研究》，頁 4-5。高雄：復文。

【台灣部分】

中華民國比較教育學會主編（民 76）《學前教育比較研究》，頁 4-46。台北：臺灣書店。

魏錫賓（民88）國際兒童人權日，兒童局掛牌，載於自由時報（第 7 頁）。

翁麗芳（民 87）《幼兒教育史》，頁 218-248。台北：心理。

簡明忠（民 76）《學前教育制度比較研究》，頁 5-26。高雄：復文。

網站：台灣幼兒教育 http://www.taiwanchild.org.tw/

本篇彙整

(一)英國：最早開辦保育學校的國家，從五歲開始為義務教育，而且免費。

1. 幼兒教保發展重要記事

(1)一八一六年歐文於自己的紡織廠內創設世界第一所幼兒學校。

(2)一八三三年改革方案，國會開始關注幼兒教育。

(3)一八七○年初等教育法案確立幼兒學校為義務教育，為教育制度的一部分。

(4)一九一一年開始，麥克米倫姊妹確立保育學校的教保功能。

(5)一九四四年英國制定巴特勒教育法案，將保育學校納入學制，但不是義務教育。

(6)一九六七年「卜勞登報告書」建議幼兒學校由二年增為三年，每天只上半天課。

(7)一九七八年瓦那克夫人提出瓦那克報告書，使特殊教育工作擴展至嬰幼兒階段。

(8)一九九七年公佈教育券計畫，一九九八年提出「穩健的開始」，對學前教保的重心由補救轉為預防。

2. 幼兒教保機構

(1)保育學校：招收二至五歲的幼兒，編制為教師和保育

員，教師主要是三年的師範學院，加上實習一年；保育員則是須通過全國保育審察會訓練合格。

(2)小學附設保育班：行政制度、師資來源和上課時間都與保育學校相同。

(3)預收班：招收接近五歲的幼兒，為銜接幼兒學校作準備。

(4)托兒所：全天看顧，人員以護士或保育員為主，收費依家長的狀況決定。

(5)遊戲團體：設置在無保育機構的地區，約每星期三次，每次三小時，比較強調操作和想像的遊戲。

(6)家庭保母：除非是幼兒的近親，不然看顧時間每天不得超過二小時。

(7)幼兒學校：為義務教育且免費，招收五至七歲的兒童。

(二)法國：設立世界最早的托兒所。

1. 幼兒教保發展重要記事

(1)一七六七年歐柏林設立的「幼兒保護所」，是世界最早的幼教機構。

(2)一七七九年謝布拉創辦了「編織學校」，提供身體的養護和知識技能的教授。

(3)一八四八年編織學校被歸入國家正規教育系統，命名為「母親學校」。

(4)一八八一年公佈實施全民教育，母親學校免費，但非義務教育，不強迫入學。

(5)一九二一年母親學校與托兒所教師的地位獲得肯定，工

作時間和待遇調整為與小學教師相同。

(6)一九七五年「阿比改革法案」禁止學前機構教導讀、寫、算的認知課程。

(7)一九七七年,學前教育的師資開放男性加入。

(8)一九八九年開始重視環境不利和殘障幼兒早期介入的重要。

2. 幼兒教保機構

(1)母親學校:教師資格與小學一樣,主管單位為教育部。

(2)幼稚園:幼稚園在法國並不發達,為私人自費設立。

(3)托兒所:收受○至三歲幼兒,主管機關為保健部。

(三)德國:設置世界第一所幼稚園。

1. 幼兒教保發展重要記事

(1)一八○二年一位女侯爵為勞工階層無家可歸的幼兒,建立第一所收容庇護所。

(2)一八三○年葛羅斯曼教授出版《學前教育》一書,學前教育由此受到重視,同年建立了第一所「幼兒保護機構」,後來教會參與了大多數的兒童教保工作。

(3)一八四○年福祿貝爾設立世界第一所幼稚園,稱為「兒童花園」。

(4)一八五一年政府下令禁止幼稚園的設置,直到一八六一年政府才允准再設置。

(5)一九○六年柏林設立第一所學校附設的幼稚園。

(6)一九○八年提出「婦女學校教學計畫」,計畫性地培育幼稚園的師資,並於一九一一年舉行第一次的幼稚園女

老師資格考試。

(7)一九二二年制定「帝國青少年福利法」，強調設置「白天的幼兒之家」。

(8)一九二五年開始重視障礙兒童的教育問題，建議這類孩子到特殊的幼稚園就讀。

(9)一九六八年發起「兒童商店」運動，意謂幼兒受的教育應像進入商店一樣，依自己的需要選購物品。

(10)一九七六年設立了「漢堡兒童之家」，主張每個幼兒皆須學習，而學習前需先引發出學習興趣。

2. 兒童教保機構：權限在各邦中，隸屬少年局主管，遵循「青少年福利法」。

(1)幼稚園：招收三到六歲幼兒，以半天教保為原則，具教育及保育雙重功能。

(2)托嬰所：照護○到三歲的嬰幼兒。

(3)課後托育中心：類似台灣的安親班。

(4)日間媽媽（爸爸）：類似台灣的保母，必須接受訓練後才可擔任。

㈣美國

1. 幼兒教保發展重要記事

(1)一八五四年美國第一所托兒所在紐約的兒童保育醫院內成立。

(2)一八五五年休茲夫人在水城開創美國第一所幼稚園，是一所德語幼稚園，一八六○年畢保德女士在波士頓成立了美國第一所英語幼稚園。

(3)一八七三年布勞女士與哈瑞斯先生在聖路易斯城設立美國第一所公立幼稚園。

(4)一九一二年成立「兒童局」，鼓勵有三歲以下幼兒的母親辭去工作返回家庭。

(5)一九三五年在布勞女士努力下，公立小學開始附設幼稚園。

(6)一九四一年仁漢方案，協助國防中心成立托兒所，使婦女安心投入戰場的工作。

(7)一九六五年實行「起頭教育方案」，為低收入家庭的幼兒進行「補償教育」；一九六八年提出「續接方案」，將低收入家庭兒童分組接受設計的教學模式中觀察與研究。由於此方案，教育署於一九六九年成立兒童發展部。

(8)一九七五年頒佈殘障教育法案，特殊兒童有權接受免費的公立教育及相關服務。

(9)一九八五年五歲幼兒免費的幼稚園教育成為全國的教育制度；一九九一年推動全人教育，強調學前教育應提供以學習者為中心的統合課程。

(10)一九九七年在白宮分別舉行二次有關嬰幼兒的會議，決議提高對嬰幼兒照護的經費，設立幼兒學習基金，以提升嬰幼兒教保的品質。

2.幼兒教保機構：美國採各州自治，學前機構歸屬於各地方政府主管。

(1)幼稚園：招收五至六歲的幼兒，免費，但非義務教育，

無全國的課程標準。

　⑵保育學校：視為家庭教育的補充，極重視親職教育，收
　　受三至四歲的幼兒。

　⑶托兒所：招收二至六歲的幼兒，以保護為主要功能，強
　　調遊戲。

㈤俄羅斯聯邦：第一個成立國家學前教育機構，並設置全世
　界唯一專門化的研究機構──學前教育科學研究所。

1.幼兒教保發展重要記事

　⑴一九一七年成立幼兒教育理事會，並將學前教育正式納
　　入國民教育系統內。

　⑵一九一八年陸續在各地開辦學前教育講習班或在高等學
　　校設立學前教育系，以培育幼兒教育的師資。

　⑶一九四○年到六○年教育科學院學前教育部提出人的心
　　理與道德之發展基礎在三、四歲時確立，由此，蘇俄政
　　府更加重視學前教育的實施。

　⑷一九五九年把幼稚園與托兒所結合而形成托兒園，亦將
　　學前教育開始年齡由三歲降至二個月。

　⑸一九八一年鼓勵擁有一歲以下幼兒的母親能暫停工作，
　　前往學前教育機構協助，這些婦女可享有留職停薪和附
　　加待遇的優惠。

　⑹一九八四年小學的入學年齡改為六歲入學，幼稚園的招
　　收年齡變成三到六歲。

　⑺一九九一年設立俄羅斯第一所私立幼稚園。

2.幼兒教保機構

(1)托兒所：招收二個月到三歲的幼兒。

(2)幼稚園：招收三歲到六歲的幼兒，幼稚園的課程重點為
藝術、遊戲和體育。

(3)托幼園：招收二個月到六歲的幼兒，是俄國最常見的公
立學前教育機構。

㈥日本

1. 幼兒教保發展重要記事

(1)一八七一年設立文部省，隔年頒佈「學制」，在小學令中，
條列可以設置「幼稚小學」，但並無專屬學前教育的法
規。

(2)一八七六年於東京女子師範學校成立日本的第一所正式
幼稚園。

(3)一八九〇年於新潟縣設立日本的第一個托兒所。

(4)一九〇〇年小學令修訂，准許小學附設幼稚園，使其確
立成為正規學校的體系。

(5)一九四七年通過「學校教育法」，讓幼稚園納入學校體
制，歸文部省管轄；同年亦公佈「兒童福利法」，制訂
了托兒所的任務，厚生部為主管機構。

(6)一九八九年修改幼稚園教育要領，而成「新幼稚園教育
要領」，並於一九九一年配合時代需要，修訂了學校教
育法。

(7)一九九二年，實施幼稚園到高中的教育機構隔週休二
日。

2. 幼兒教保機構

(1)幼稚園：依據「學校教育法」，為文部省主管，招收三到六歲的幼兒，家長必須負擔學費，不屬於義務教育，大部分為半天的學習活動。幼稚園的教師資格分成「專修」、「一種」、「二種」等三類。

(2)托兒所：以「兒童福利法」為依據，歸厚生部管轄，招收六歲以下的幼兒，設立的目的是保育在家無法獲得照顧的幼兒，學費由家長自行負擔。

(3)托嬰家庭：勞動省推出「家庭支援制度」，聯繫與撮合有托兒需求的家庭與可協助照護幼兒的家庭。

(七)我國：民國前的教保方式和內容多仿日本，民國八年轉為模仿歐美。

1. 幼兒教保發展重要記事──大陸篇

(1)光緒二十九年張百熙、張之洞、榮慶等人修訂「奏訂學堂章程」，設立蒙養院，幼兒入院年齡為三至七歲，每日授課不超過四小時。

(2)光緒三十年我國在大陸本土的第一所幼稚園在湖北設置。

(3)民國一年教育部設立「蒙養園」，招收六歲以下幼兒，不再附設於慈善機構。

(4)民國五年，我國的教育法令中首次出現「幼稚園」的名稱。

(5)民國十一年將蒙養園改名為「幼稚園」，有了學制上的地位。

(6)民國十八年設立我國第一所托兒所。

(7)民國二十八年，教育部首次公佈「幼稚園規程」，為幼教史上的重要法令，三十二年，將幼稚園規程修正而頒佈了「幼稚園設置辦法」。

(8)民國三十八年國民政府遷台，中國由共產黨執政，成立「中華人民共和國」。

(9)民國三十八年大陸政府表示中國的幼教反對崇洋，展開全面對蘇聯幼教理論及經驗的學習。

(10)民國四十年中共當局將「幼稚園」改名為「幼兒園」，並制定「幼兒園暫行規程」和「幼兒園暫行教學綱要」。

(11)民國四十七年起，幼兒園的教育重心放於思想品德教育和勞動教育，並延長收托時間。

(12)民國六十七年設置第一個中央級的幼兒教育研究室。

(13)民國六十九年頒佈「幼兒園教育綱要」，七十八年更新公佈「幼兒園工作規程」，將幼教重心置於人格的發展及幼兒的遊戲。

(14)民國八十二年公佈「中國教師法」，規定幼兒園教師必須具有幼兒師範學校以上（含）之畢業學歷，但未規定托兒所的師資資格。

2. 幼兒教保發展重要記事——台灣篇

(1)一八七○年於台北淡水開辦「淡北育嬰堂」，使台灣開始有了家庭外的幼兒保育機構。

(2)一八九七年在台南的關帝廟設立我國最早的幼稚園。

(3)一九○○年日人開辦私立台北幼稚園，於一九○六年停

辦，但於一九〇八年復起，一直到一九四五年日本離台前，都居於幼教界的領導地位。

⑷民國十七年開始出現托兒所。

⑸日本政府於民國二十五年設置「國語保育園」，實施日語訓練，以推行「同化」。

⑹民國三十四年台灣光復，台灣幼教開始由「日式」過渡為「大陸式」。

⑺「幼稚園課程標準」：民國四十二年修訂公佈，將課程分為「知能訓練」和「生活訓練」兩大類；六十四年修訂，將課程範圍分為六項；七十六年公佈修訂，為目前幼稚園課程設計的依據。

⑻「托兒所設置辦法」：民國四十四年內政部頒佈，七十年修定，八十七年由台灣省府制定發佈新的托兒所設置標準與設立辦法。。

⑼民國四十五年教育部通令要求台灣地區的幼稚教育機構都改稱為「幼稚園」，四十八年成立我國第一個幼教學術團體「中國幼稚教育學會」。

⑽民國六十二年，總統公佈實施「兒童福利法」，為我國最早的兒童福利法，八十二年修正並公佈實施「兒童福利法」，而施行細則則於八十三年發佈。

⑾民國七十年公佈「幼稚教育法」，為幼稚教育的法令依據，說明幼兒教育以促進兒童身心健全發展為宗旨，招收四至六歲的幼兒，每班不超過三十人。

⑿民國八十三年公佈師資培育法，八十四年修改幼稚園園

長和教師的任用資格。

(13)民國八十四年頒佈「兒童福利專業人員資格要點」，調整專業人員的資格，將「教師」職稱刪除，同年七月並將托兒所納入勞基法適用行業。

(14)民國八十八年廢省，十一月二十日成立「兒童局」。

(15)民國八十九年開始發放「幼兒教育券」，凡設籍台灣的任何縣市的五足歲幼兒都享有每學期五千元的教育津貼。

3. 我國幼兒教保發展趨勢

(1)提高就園率。

(2)強化幼教師專業知能。

(3)提供學前特殊兒童教育機會。

(4)設立幼教行政專責單位。

(5)增進幼稚園教師進修機會。

(6)修訂幼稚教育法。

(7)增進幼稚園與國小教育之銜接。

(8)研究及發展幼兒教育課程與教學之參考資源。

自我評量

1. 請簡述世界幼兒教保的發展趨勢為何。
2. 法國於一九七七年開放男性加入學前教保師資，請對此政策陳述己見。
3. 德國於六〇年代提出「完整幼稚園」的概念，主張特殊幼兒與正常幼兒應一起受教。您會支持這樣的方案嗎？請發表意見。
4. 收集「幼托合一」的資料，並提出對此議題的看法。

國家圖書館出版品預行編目（CIP）資料

幼兒教保概論 I／孫秋香、邱琡雅、莊享靜著；
--初版.--臺北市：心理, 2000（民 89）
面；　　公分.--（高職用書；54001）
ISBN 978-957-702-392-6（第 I 冊：平裝）

1. 學前教育

523.2　　　　　　　　　　　　　　　89012050

高職用書 54001

幼兒教保概論　I

作　　　者：孫秋香、邱琡雅、莊享靜

總 編 輯：林敬堯

發 行 人：洪有義

出 版 者：心理出版社股份有限公司

地　　　址：231 新北市新店區光明街 288 號 7 樓

電　　　話：(02) 29150566

傳　　　真：(02) 29152928

郵撥帳號：19293172　心理出版社股份有限公司

網　　　址：http://www.psy.com.tw

電子信箱：psychoco@ms15.hinet.net

駐美代表：Lisa Wu（lisawu99@optonline.net）

印 刷 者：玖進印刷有限公司

初版一刷：2000 年 8 月

初版十二刷：2019 年 12 月

I S B N：978-957-702-392-6

定　　　價：新台幣 250 元